お盆のはなし

蒲池勢至《がまいけせいし》［著］

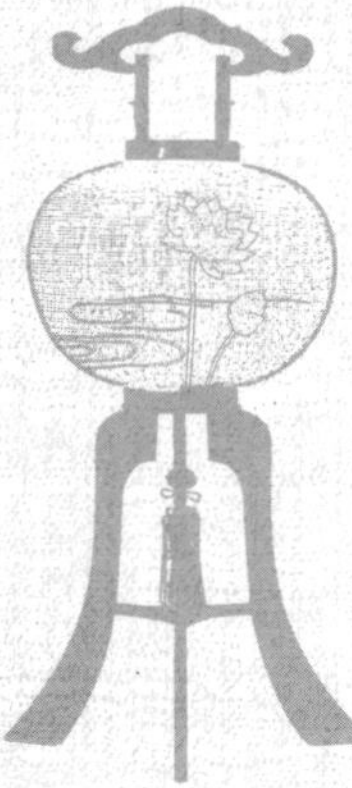

法藏館

目次

「盆」は仏教行事か……7

年中行事としての盆行事……7

七月盆と八月盆　7／お盆は初秋の行事　11

お盆の起源と由来……12

盆の語義　12／『盂蘭盆経』14／『盂蘭盆経』の内容・自恣と孝順　18／盂蘭盆会と施餓鬼会　22

柳田国男のボンとホトケ語源説……24

瓮と盆　24／ホトキ（行器）とホトケ（仏）29／有賀喜左衛門の柳田説批判　29

盆行事とは何か……32

仏とホトケ　32／祖霊信仰と仏教　34／盆が民俗化したもう一つの理由　36

盆行事の歴史と成立……39

法会から庶民の行事へ……39

盂蘭盆会の始まり　39／平安時代の盆と瓫　41／鎌倉・室町時代の盆行事　45／江戸時代の盆行事　53

盆行事の諸相……60

盆の準備と饗応……61

盆の期間はいつか　61／灯籠を立てる　63／七日盆と盆の市　65／寺院の施餓鬼　68／盆棚と供物　71

「迎え」と「送り」……77

百八松明　77／精霊船と灯籠送り　80

念仏と念仏踊り……86

波切の大念仏　86／奥三河の念仏と踊り　89

真宗と盆……93

何もしなかった真宗門徒……93

「ホトケほっとけ」 93／蓮如と盆 95／真宗門徒の盆行事 98

お盆の行方——死者と生者の交流——……103

お盆はどこへ行くのか……103

お盆の変化 103／無縁社会と盆 105

あとがき……109

参考文献と史料……111

お盆のはなし

「盆」は仏教行事か

年中行事としての盆行事

七月盆と八月盆

お盆は仏教の行事だと思っている方が多いと思いますが、本当にそうでしょうか。このことについて、いまから順番にお話ししてみたいのですが、その前にお盆の行事が行われる時季について述べることからはじめることにしましょう。

「七月盆」とか「八月盆」と言われます。東日本は七月にお盆の行事が行われるところが多く、西日本では八月に行われるところが多いのです。「お中元」という贈答慣行も東京辺りでは七月中旬までが中心で、中部地方から西の関西では七月下旬から八月半

初盆の飾り付け（静岡県浜北市於呂、昭和53年）

ばにかけてでした。もう三十年ほど前のことになりますが、お盆行事の調査で七月十五日に静岡県浜松市や浜北市に出向いたことがあります。そのとき、初盆の家では葬式の祭壇と見間違えるような飾り付けをしていて、庭では遠州大念仏一行による念仏供養が行われていました。私の居住は愛知県で八月がお盆ですので、その年は一年に二回お盆をしたような気になったことを記憶しています。現在でも七月にお盆をしているところが多いのですが、テレビなどのニュースでは、八月十三日に近くなると「お盆休み」で都会から故郷へ帰る人々の大移動と墓参りの様子を報じます。ですから、社会的には八月がお盆と認知されているのかなとも思ったりします。図1は、大分県におけるホオズキの月別出荷量です。盆花であるホオズキの出荷は、七月と八月に集中していますが、八月の出荷量が多くなっています。

どうして七月盆であったり、八月盆であったりするのでしょうか。お盆の行事が七月と八月に分かれてしまったのは、明治の改暦で旧暦から新暦に変わったことに起因しています。旧暦（陰暦）というのは、月の満ち欠け（約二十九日半）から計算された暦です。新暦（太陽暦）というのは、地球から見て太陽が回る軌道上（黄道）で、太陽が南半球から北半球に入る春分点から出発して一周し再び春分点に戻ってくるまでの周期（三六五・二四二二日、一太陽年という）をもとに作られた暦です。明治政府は、旧暦明治五年（一八七二）十二月三日を新

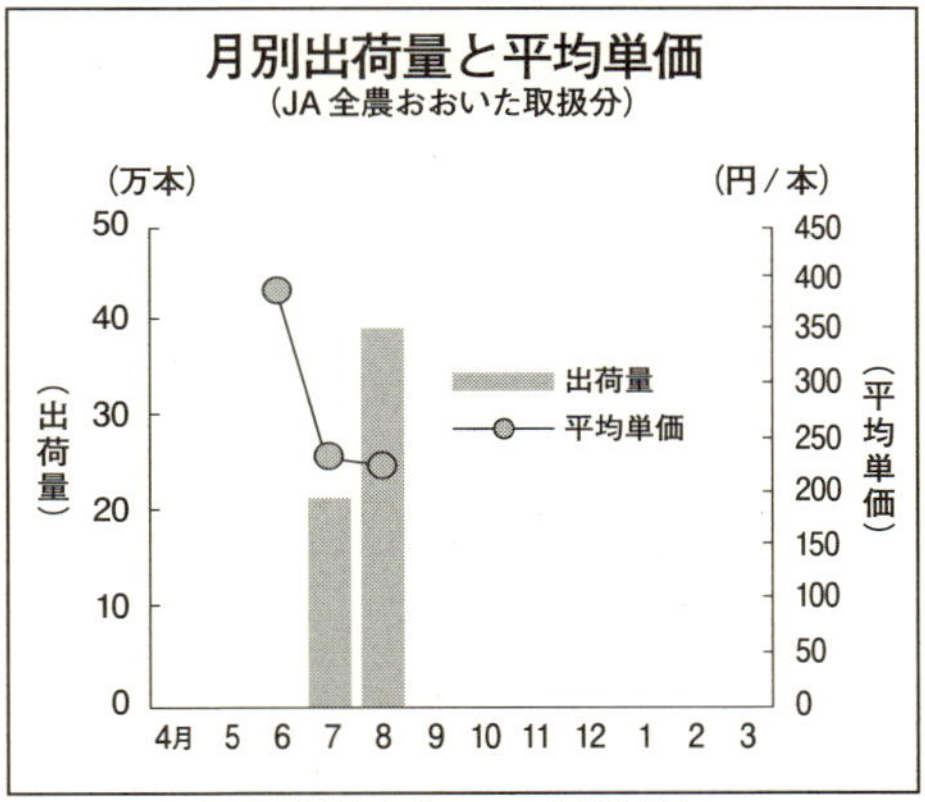

大分農林統計協会「おおいた海鮮山鮮」（平成16年6月）より

図1　ホオズキの月別出荷量

暦明治六年一月一日と改暦しました。明治政府によって強制的に時間が変更され、役所や学校などは従ったのでしょうが、各地で行われていた慣習的な祭礼や行事などは混乱が生じ対応もさまざまでした。明治五年までのお盆は、旧暦七月十五日を中心とした行事でした。そこで、旧暦と新暦では約一か月の時間的ズレがありますので、改暦後に旧暦七月十五日のお盆を一か月「月遅れ」にして新暦八月十五日にする、という対応をしたところがありました。これが「月遅れ」の「八月盆」です。現在、「八月盆」を「旧盆」と呼んだりしていますが、これは誤りです。一方、明治政府の改暦に従って、旧暦七月十五日に行っていた盆行事を新暦七月十五日に行うようにしたところが「七月盆」になった、ということです。

新暦の「七月盆」、月遅れの「八月盆」ですが、実はもう一つの盆がありました。明治の改暦以後、新暦にも「月遅れ」にもせず、「旧暦のまま」お盆行事を行ってきたところです。名古屋市守山区瀬古にある天台宗の檀家ばかりの村を平成十一年に調査したとき、「十年前まで旧暦七月十三・十四・十五日でお盆をしていた」ということでした。明治の改暦から一二〇年近く経っても、まだ旧暦のお盆を伝えていることに驚きました。

お盆の行事にとって、旧暦から新暦への移行は大きな変化でした。現代の私たちはもう忘れていますが、その一つに月夜に行った盆踊りがあります。旧暦で行われていた当時は、必ず満月の月の光の下で人々は踊っていました。現在は電球や蛍光灯に煌々《こうこう》と照らされて、「夏祭り」のような雰囲気の中で盆踊りが行われていますが、旧暦七月に行われていた盆踊りは自然の光の中で静かに行われ、そして哀調を感じさせる行事であったはずです。

お盆は初秋の行事

暦とお盆の関係で、もう一つ大事な変化があります。いま盆踊りについて「夏祭りのような」と述べてしまいましたが、お盆は「夏の行事ではない」ということです。新暦八月のお盆は、現代の私たちにとってまぎれもなく「夏の行事」という感覚になっています。お盆が終わると「夏が終わってしまった」と思われる人も多いでしょう。しかし、そうではありません。旧暦を基準にしてみると、お盆は「初秋の行事」となります。かつての日本人の季節感では、旧暦一・二・三月は春、四・五・六月は夏、七・八・九月は秋、十・十一・十二月が冬となります。俳句などの季語では、いまでもこう区分されているはずです。するとお盆は旧暦七月の行事ですので、秋の初めにある「初秋の行事」となります。夏の行事と思っている現代人にとっては違和感がありますが、「初秋の行事」としてのお盆ということには重要な意味があります。このことは後で触れることにしましょう。

お盆の起源と由来

盆の語義

「お盆は仏教の行事である」ということで、まず仏教の側からその起源と由来についてみてみます。仏教は「仏の教え」ですので、仏教行事には典拠となる経典があります。お盆行事の由来は、中国の西晋時代に活躍した竺法護《じくほうご》が翻訳したとされる『仏説盂蘭盆《うらぼん》経』、異訳とされる『仏説報恩奉盆経』などが典拠になっています。よく知られていて、もっとも影響を与えたものが『仏説盂蘭盆経』（以下、『盂蘭盆経』と略す）でした。お盆の「盆」という言葉もこの「盂蘭盆」を簡略にして表現したものです。それでは「盂蘭盆」というのは、どういうことでしょうか。古代インドの言語で、仏教を研究するときに必要なサンスクリット語では ullambana（ウランバーナ）となります。中国では「烏藍婆拏（ウランバナ）」などとも漢訳されました。これは音写といって発音をそのまま漢字に充《あ》てたものですので、漢字そのものに意味はありません。「盂蘭盆（ウラボン）」も同じく音写ですが、「烏藍婆拏」のウランバナと比べるとウラボンは少し訛《なま》ったものです。原語 ullambana の意味をとった意訳は、「倒懸《とうけん》」となります。天井から自分の身体が逆さづりにされた姿を想像してみてください。苦しくて苦しくて、もがき悶《もだ》えることでしょう。これが「倒懸の苦しみ」です。ですから、『盂蘭盆経』は「倒懸の苦しみ」から救われることを説いた仏の教え、ということになります。

なお、ullambana＝倒懸という訳に対して、岩本裕氏が別な解釈をしています（「盂蘭盆」の原語とその史的背景」）。辞書などで「盂蘭盆」の語が「梵《ぼん》語 ullambana に由来し、倒懸の意味がある」と解説されるのは、中国の玄応が『一切経音義』のなかで「正しくは烏藍婆拏という。この訳は「倒懸」という」と述べたことに基づいていますが、根拠が不確かだとしています。岩本氏はいろいろ詳しく考察されて、「盂蘭盆」の原義はイラン語のウルヴァン urvan が語源で「死者の霊魂」を意味しており、「死者の霊魂をまつる祭祀であると同時に収穫祭」でもあったと主張しています。

『盂蘭盆経』

『盂蘭盆経』には、釈迦の弟子であった目連尊者が、母を餓鬼道の苦しみから救い出すという話が説かれています。短いお経ですので、次に和訳してみます。

〈1〉お釈迦さまが中インドにあった舎衛国の祇樹給孤独園《ぎじゅぎっこどくおん》（祇園精舎）に在したとき、大目乾連《だいもっけんれん》（＝目連）は修行によって、はじめて六通という能力を身につけることができました。そこで父母を救って、自分を育んでくれた恩（乳哺《にゅうほ》の恩）に報いようと欲しました。六神通の中の一つである道眼《どうげん》（天眼通）でもって父母の死後の世界を見ましたところ、亡母は餓鬼道の世界に生まれていました。飲食することができず、身体は骨と皮ばかりになっており、これを悲しんだ目連は鉢に飯を盛って往餉《おく》りました。ところが、母は鉢を左手でもち右手で食べようとしたのですが、口に飯を入れようとすると炎と炭になってしまって、とうとう食べることができませんでした。目連は悲しみ、大いに叫んで涙を流して泣きます。なんとかしようと、仏（釈迦）に一部始終を話して救いを求めますと、仏は次のように申されました。

あなたの母は罪根が深いので、あなた一人の力ではどうすることもできません。あなたは親孝行の声で天地を動かすことはできても、天神、地神、邪魔外道、道士、四天王神はどうすることもできません。しかし、多くの衆僧の威神の力をかりれば母を救う（解脱）ことができるでしょう。私はあなたのために救いの法を説き、一切の苦難から離れ、罪障を消し除くことにします。

仏は目連に告げます。十方の衆僧が七月十五日の僧自恣《じし》の時に、あなたは七世父母および現在父母で苦難の中にある者のために、飯、さまざまな食べ物、棗《なつめ》・梨・石榴《ざくろ》など五種類の果物、沐浴《もくよく》するときの道具、物を載せる盆器、身体に塗る香油、灯明、床の敷物、寝具を用意し、甘美な食物を盆の中に盛って十方の大徳や衆僧に供養しなさい。この自恣の日にあたって、一切の聖衆《しょうじゅ》は、ある者は山間にいて心静かに瞑想し、ある者は四道果という修行の階位を得ます。またある者は樹木の下にあって座禅し、疲れをいやすためにときどき歩き回り、またある者は自在の六通神力によって声聞《しようもん》・縁覚《えんがく》といった修行者を教化します。また十地の菩薩・菩薩・比丘の姿をとって権《か》りに現れた菩薩たちは、大衆の中に在って心を一つにし、自恣のときに供えられた食べ物を飲食します。修行者が清浄な戒を保つことができれば、修行者の道は、その徳は広々とゆきわたるでしょう。そこで自恣の時に僧に供養するならば、現在の父母、七世の父母や六親眷属《けんぞく》の人々は、地獄・餓鬼・畜生という三悪道の苦から脱することができ、時に応じて悟りを得て、衣食は自然と得ることができます。もしまた人がいて、その父母が現在するのであれば、自恣の供養によって福楽は百年となります。もしすでに亡くなった七世の父母であれば、天の世界に生まれて、自在に生まれ変わり、天華の光につつまれて無量の快楽を受けます。

時に仏は十方の衆僧に教え誡《いまし》められました。皆まず、自恣の供養を受けるときは、施主の家のために祈り、七世父母のために心静かに祈って意を定め、その後で食を受けるべきである。初めて食を盛った盆器を受けるときは、先ず仏の在す塔の前にお供えし、衆僧は祈りが終わってから自ら食を受けるものである。

その時、目連や比丘《びく》、およびこの法会（盂蘭盆会）に集まった大菩薩衆たちは、皆大いに歓喜しました。しかし、目連は悲しみ涙を流していましたが、突然に疑いや憂いが除かれ滅しました。この時、目連の母は、すなわちこの自恣の日において、長い間にわたる餓鬼の苦しみから脱することができたのです。

〈②〉その時に、目連はまた仏に申し上げました。仏弟子を生んだ母は、三宝の功徳の力を受けました。衆僧の威神の力によるところです。もし未来の世において、すべての仏弟子をして親孝行を行おうとする者は、まさにこの盂蘭盆を奉って、現在父母および七世の父母を救済すべきです。このことを為すべきでありますか、どうでしょうか、と。

仏は申されました。大いに善《よ》ろしい。私がいま、正に説こうと欲していたところに、あなたが今また問いました。善男子よ。もし比丘、比丘尼、国王、太子、王子、大臣、宰相、三公（臣下として最高位のもの）、役人、万民、庶人があって、親に孝行をする心のある者は、みんな今生きている現在父母、過去七世の父母のために、七月十五日の仏歓喜の日、僧自恣の日において、さまざまな美味の食物をもって盆器の中に盛り、十方の衆僧に布施しなさい。こい願うことには、すなわち現在父母の寿命が百年になって病もなく、一切の苦悩する煩いもないように。また七世の父母は餓鬼の苦しみから離れ、天人の世界に生まれることを得て、極まりない福楽を受けますようにと。

仏は、もろもろの善男子・善女人にお告げになられました。この仏弟子で親に孝行をしようとする者は、一念一念の中に、常に現在の父母また七世の父母を憶《おも》うべきである。毎年の七月十五日に、常に親孝行をする慈しみの心をもって自分を生んでくれた現在の父母、また七世の父母を憶い、そのために盂蘭盆をなして、仏および僧に施し、もって父母が長く養育してくれ恩、慈愛の恩に報いなさい。あなたよ、一切の仏弟子は、まさにこの法を持ち奉るべきである。

その時に、目連、比丘ら四輩の弟子は、仏がお説きになったところを聞いて、歓喜し実行しました。

『盂蘭盆経』の内容・自恣と孝順

『盂蘭盆経』の内容は前後二段に分かれていて、①前半は目連の母が無事救われたと

尼連禅河からブッダ・ガヤーの大塔を望む

ころまでです。②後半は、母が救われたことを受けて目連が仏にまた問います。「盂蘭盆は私（目連）一人のためだけのものでなく、すべての仏弟子で親孝行をしようとする者が行うべき法会ではないでしょうか」。すると仏は、一切の仏弟子が奉持すべき法であると答えたのでした。

話の中で少し理解しにくいのが、「自《じ》恣《し》の時」「自恣の日」とある「自恣」の意味です。インドの気候は雨季と乾季に分かれています。日本人にはなかなか体感できないのですが、乾季に仏蹟巡拝をしたとき、釈尊がスジャータから乳粥《ちちがゆ》の布施を受けたという尼蓮禅河《にれんぜんが》という川の辺に行ったのですが、大きな河が完全に干上がっていました。またガンジス河をバスで一時間かけて渡ったのですが、かなり砂州《さす》になって水量が少なくなっていました。ところが雨季になると、一日中ずっと降り続きはしませんが、三か月くらい雨の日が続いて草木は一斉に芽吹き繁茂するそうです。僧たちは乾季に遊行《ゆぎょう》（歩き回る）して頭陀《ずだ》の修行を行い、雨季になると僧院や洞窟などの一所にとどまって修行に専念してきました。雨季に籠もって修行することを安居《あんご》といい、「自恣の日」というのはこの安居の最終日、すなわち七月十五日（一説には八月十五日）のことをさします。この日、僧たちは安居の期間に犯した罪過を述べて懺悔《さんげ》したそうです。後から述べるように、この「七月十五日」という日が大事ですので覚えておいてください。

『盂蘭盆経』の中には、なんども「現在父母」「七世父母」のために衆僧供養して、「乳哺《にゅうほ》の恩」「長養・慈愛の恩」に報いよ、とあります。それが子としての「孝順」だと説きます。そうすると、現在する父母は「福楽百年」「寿命は百年」になり、七世父母は「天に生じて自在に化生《けしょう》し、天華の光に入りて無量の快楽を受ける」、「福楽は極まること」なしと言うのです。一般的に『盂蘭盆経』は、目連が餓鬼道に堕ちた母の苦しみを救うという目連救母の話が説かれていると言われます。前半は確かにそうですが、全体的には父母の恩に報いることや「孝順（孝行）」ということが強調されています。お経ですから「仏説」とあって、仏である釈尊が説かれた話となっています。しかし、本当にお釈迦さまはこれまでみてきたような内容を説かれたのでしょうか。現在、仏典研究者のなかでは『盂蘭盆経』は五世紀から六世紀初めの頃に中国で成立した偽経《ぎきょう》である、と考えられています。目連救母説話はインドにありましたが、これに中国における儒教などの孝行倫理が影響して制作されたのが『盂蘭盆経』だというのです。中国では、梁時代の大同四年（五三八）に皇帝が同泰寺で盂蘭盆会を催したのが初めとされ、民衆にも広がりました。このとき、上元（一月十五日）、中元（七月十五日）、下元（十月十五日）という中国の三元思想や、七月十五日に行われる道教の祭祀と結びついて民衆に受容されたようです。

盂蘭盆会と施餓鬼会

お盆の起源と由来が、『盂蘭盆経』という経典に拠っていることがわかりました。このお経が中国から日本に入ってきて、日本でも盂蘭盆会の行事が行われるようになりました。日本における盂蘭盆会の歴史と行事の成立については次章でみますが、現在私たちが行っているお盆の行事で、いまひとつ不思議に思うことがあります。「お盆（盂蘭盆会）」と「お施餓鬼（施餓鬼会）」の関係です。「お盆だからお寺のお施餓鬼に行かなければ」と言われるように、寺院ではお盆になると「施餓鬼会」という法会《ほうえ》をしています。天台宗でも真言宗でも、禅宗でも浄土宗でも、真宗以外の宗派では盂蘭盆会＝施餓鬼会と檀家も僧侶も思っています。施餓鬼会というのは餓鬼を供養して救済することです。これがどうして現在父母や七世父母の供養になるのか。日本における現行の盆行事は亡き父母や先祖を祀る行事になっていますから、どうして餓鬼を供養することが死者や先祖を供養することになるのか。考えてみると不思議です。

本来、盂蘭盆会と施餓鬼会の行事は別のものでした。施餓鬼会の典拠になっている経典は、唐の実叉難陀訳『仏説救《く》面然《めんねん》餓鬼《がき》陀羅《だら》尼神呪経《にじんしゅうきょう》』や不空訳『仏説救《く》抜焰《ばつえん》口《く》餓鬼《がき》陀《だ》羅《ら》尼《に》経《きょう》』『瑜《ゆ》伽《が》集《しゅう》焔《えん》口《く》施《せ》食《じ》起《き》教《きょう》阿難陀《あなんだ》縁由《えんゆ》』などです。『仏説救抜焔口餓鬼陀羅尼経』の内容をみてみますと、仏弟子阿難陀と餓鬼の話になっています。阿難陀の前に焔口餓鬼が現れて「おまえは三日の後に命が終わって、われらと同じ餓鬼道に堕ちる」と告げます。おどろいた阿難陀は逃れる方法を焔口餓鬼に尋ねますと、「無数の餓鬼に一斛《こく》の飲食を施食し、仏法僧の三宝を供養すればお前の命は延び、焔口も餓鬼の苦しみから救われる」と教えられます。そこで阿難陀は、仏陀から陀羅尼を授かり施食《せじき》の法を受けて施餓鬼会を修しますと、その功徳で焔口は餓鬼の苦しみから脱することができ、阿難陀も福徳と寿命を得ることができたというのです。どこか『盂蘭盆経』の内容と似ています。

施餓鬼棚（愛知県豊橋市の専願寺〈浄土宗〉）

　もともと施餓鬼会は期日を定めないで、随時に行う施食法会であったのですが、いつの頃からか盂蘭盆会と習合して七月十五日の前後に修せられるようになってしまいました。施餓鬼棚を本堂の外陣とか外縁に設けて、「三界萬霊」と書かれた牌を安置し、五如来といって「南無多宝如来」、「南無妙色身如来」、「南無甘露王如来」、「南無広博身如来」、「南無離怖畏如来」、（あるいは七如来で「南無宝勝如来」、「南無阿弥陀如来」を加える）と書いた施餓鬼幡を懸けて供養します。これは有縁・無縁の諸霊である餓鬼を集めて、五如来の力のもとで飲食を施し、餓鬼道から救って仏弟子にする。さらに菩提心を起こして成仏するように回向する、というものです。盂蘭盆会と習合すると、この餓鬼を救って回向する功徳をもって、今度は父母などの霊位にふり向け回施供養することになる、というのです。

柳田国男のボンとホトケ語源説

瓫と盆

日本で行われているお盆の起源と由来は、これまでみてきたように仏教によるものですが、そうではなくて日本固有の信仰に由来するものだと主張した人がいます。柳田国男（一八七五～一九六二）です。柳田は日本の民俗学を興して学問的に体系化した人物です。近代化ということで日本が西洋化していく中、日本人とは何かを問い、無名の人々にも「平民の歴史」があって生活文化の歴史があったことを主張しました。

この柳田国男の有名な作品に『先祖の話』があります。その中の「四三　盆とほかい」という論考の一節で次のように言っています。

たとえばわが邦では旧暦七月十五日に、盂蘭盆会という法会を執り行わしめられた例が、公にもかなり古くからあった。しかしそれだからこの前後の幾日間を盆というようになったのだという仏者の説は、有名また平凡だというばかりで、ちっともまだ証明せられてはいないのである。果たして梵語のウランブナを、ボンと略しても通ずるような語法があるのか。もしくは漢土において音訳の盂蘭盆を、盆と書いても通用した例があるのか。

仏教者は「盆」をボンと呼ぶようになった説明を、梵語のウランブナ（ウランバーナ）を略したものだと言っているが、そんな語法があったのかというのです。そして、次のように続けています。

私の解釈とても一説に過ぎないが、盆または盆供は中世以前の記録では、たいていは皆瓫の字を用いている。瓫も盆もともに土焼きの食器のことで同じ物らしいが、これを女や子供までが始めから音で呼んでいたか、ただし今日の「御座る」という語のように、文字を識る人々のしゃれてボンと唱えたのが、後々普及したものか、実は漢文で見ていただけでは判らぬのである。中世の歌にはボニまたはボニスルという言葉がたしかにある。

柳田は「盆」がボンと音読される以前の日本語があったとして、ホーカイ（ホウカイ）という言葉に着目しました。土佐（高知県）では盆の十四・十五・十六日の三夜、家々の門口に焚く火をホーカイと言っていた。他の地方でも高い竿の頂に焚く火を法界火といい、長崎にもホウカイがあって、盆の精霊棚の片脇に祭る無縁霊のことであり、これは外精霊（ホカジョウリョウ）を供養することである。大和の竜田あたりにもホウカイ火という名がある。また、青森県・岩手県・秋田県などでは墓の前に棚を作って、蒲《がま》や真菰《まこも》で編んだ簀薦《すごも》を敷き、その上にいろいろの料理を供える墓前祭を行っていて、これが「ほかいの行事」だと述べています。ホカイは漢字で「行器」と書くもので、食物を家から外へ運搬する木製の容器でした。

中世以前は「盆」という漢字が使われておらず、ほとんどが「瓫」であったとも指摘しました。現在、「瓫」という漢字はまず使われません。大きな漢和辞典でも引かないと意味がわからないでしょう。柳田は、瓫はへともヒラカともホトギともまたサラケとも振仮名しているものがあって、ホトギとサラケの単語は別に缶《ほとき》および瓱《さらけ》の文字が多く用いられたと説明します。そして、ホカイが木製の行器に限られるようになった以前には、土器のホカイがあって、それを瓫または盆と書いていたのではないかと推定しました。根拠として文献史料を引用しまして、「『和名抄』に盆と、これを缶保度岐というとあり、『字鏡』以下にも盆を保止支、またはホトギと訓ませている」と言います。さらに

鎌倉時代にできた『塵袋』巻八に、

一　ホトキハ盂蘭盆ノ時用ルモノナリ、世間ノ吉事ニハイロウマジキモノカ、瓫は器物ノ一ノスガタニテ吉凶ニ通用スル歟、……盆ノ字ヲバヒラカト訓ム、ホトキハ缶ノ字ヲヨム、サレドモ通イテ共ニホトキトイイ習ワセルニヤ

とあることを紹介しました。

少し複雑になってきましたので、柳田の説いたところの要点をまとめますと、瓫・盆・行器・缶の読み方はいろいろありますがどれもホトキであって、食物を入れて神霊に供える器、祭りの容器であった、ということです。盂蘭盆という法会と行事を盆（ボン）と呼ぶようになったのも、日本にもともとあった言葉と、ホカイ・ホトキなどと呼んでいた容器に食物を入れて神霊に供えた行事が元になっていた、というのです。

ホトキ（行器）とホトケ（仏）

柳田は『先祖の話』の中で、もう一つ重要な問題提起を行っています。「四六　ホトケの語源」で、日本人が死者を無差別にホトケというようになったのは、「本来はホトキという器物に食饌《しよくせん》を入れて祭る霊ということで、すなわち中世民間の盆の行事から始まったのではないか」と主張したのです。具体的な説明は省きますが、ホトケというのも一つの異名であって、全国には卒塔婆のことをホトケ、位牌のことを枕ボトケ、法事のことをホトケカキと呼称しているところがあり、「木主をその精霊の依座《よりまし》として、ホトケと呼んでいたのに過ぎぬ」と捉えました。そして、ホトケも死者を祭るときに用いたホトキ（行器）が語源であったとしました。ボン（盆）が「盂蘭盆」を起源とするのではないと述べたように、ホトケ（仏）も仏教の「仏」ではなくて、日本人が死者の神霊をホトキに食物を入れて祭る固有の信仰に拠ったのだというのです。

有賀喜左衛門の柳田説批判

柳田国男のホトケ（仏）語源説について、真正面から向き合い批判した人がいました。

社会学者の有賀喜左衛門（一八九七〜一九七九）です。有賀は柳田が指摘した、いつからホトケが死者を意味するようになったのか、という問題に強い関心を示しました。そして、丹念に柳田の主張を読み込みながら、史料をあげて反論しました。これも要旨のみ紹介しましょう。

有賀はまず最初に、「『延喜式』に記載されている瓫、缶、瓱、盆などの器物は「神祇」の中に含まれており、カミマツリに用いられたものだから、特に仏事に関して用いられたというものではなかった。……祭器として用いられたものであるから、死者の供養に特に使用したものではなかった」と述べます。そして、「仏」という語が初めて記録に出てくるのは『日本書紀』欽明十三年（五五二）の条で、「仏」をホトケと訓んでいたかどうか分からないが仏を蕃神（トナリクニノカミ）としていたこと、「仏」の字をホトケと読ませた最初の例は『日本書紀』推古二年（五九四）春二月の記事で、奈良・薬師寺の仏足石歌にホトケという言葉が出ていること、『万葉集』巻第十六の歌にもみられることとして史料をあげます。そして、ホトケという言葉は、奈良時代中期に成立していたことは明らかであるとしました。したがって、ホトケがホトキの転用ではなかったのです。

有賀が柳田説に刺激されながら反論し、もっとも主張したかったことは、次のような内容でした。仏教が日本に渡来するとすぐに先祖信仰と結びついたのは、「氏」が仏像を新しい有力なカミ（蕃神）・守護神として氏寺に安置して祭り、身近な死者―先祖―を氏寺において供養する氏寺信仰によるものであった。九世紀から十世紀の間に成立したとみられる『竹取物語』にある「我子の仏（ワガコノホトケ）」、「あが仏」（アガホトケ）という言葉に注目して、先祖を「あが氏のホトケ」と捉えて「あが仏」と呼ぶことが成立し、ホトケ（死者・先祖）＝仏という意味になったというのです。

有賀は柳田のホトキ＝ホトケ説を否定しましたが、「盆行事の名称については私は柳田説に賛成したい」としています。

盆行事とは何か

仏とホトケ

さて、あらためて「お盆は仏教行事か」「お盆とは何か」ということを考えてみましょう。

柳田国男のボンという言葉の語源説は一般的に知られておらず、ホトキ＝ホトケ説は認められていません。しかし、柳田が中世までの史料をみると「盆」ではなく、ほとんど「瓫」という漢字が使われていたと述べたことは重要な指摘でした。瓫は行器とともに食物を入れる器物のことであり、これをホトケ（死者・先祖）に供えてホカヒと呼んでいました。次節で触れるように、中世の盆行事のなかに「拝瓫」という表現がでてきます。食物を瓫に入れて供えるという行為のことでした。現在の私たちが行っている盆行事の内容と意味とは、大きく異なっています。これは、「お盆とは何か」と考えるとき重要な点です。

いまひとつ柳田が指摘した大事な点は、ホトケです。私たちはお盆で、いったい何を祀っているのでしょうか。何のためにお盆をしているのでしょうか。『盂蘭盆経』に説かれていたような、父母や七世父母を「倒懸《とうけん》の苦しみ」から救うためにしているのでしょうか。そのような人はいないでしょう。亡き父母や祖父母、あるいはもっと昔に亡くなった「先祖」をお迎えして祀るのがお盆なのだ、と思っているのがほとんどの日本人です。この「亡き人（死者）」や「先祖」こそホトケなのです。仏教でいう「仏」ではありません。「仏」はbuddha＝目覚めた人・覚者・真理に目覚めた人のことです。仏陀の教えを信じて修行し、悟りに到達した人のことです。苦しみから解放され、心が静かになった人のことでもあります。ですから、「ホトケを祀る」ことと「仏に成る（成仏）」こととは、本来的にはまったく別な信仰といってよいでしょう。ここに柳田国男や有賀喜左衛門が、日本人が死者を無差別にホトケというようになったのはいつからか、と問題にした意味がありました。

祖霊信仰と仏教

ホトケ（死者・先祖）を祀るというのは、祖霊信仰という信仰です。先祖崇拝とか先祖信仰ともいわれますが、ここでは祖霊信仰という言葉を使うことにします。仏教が死者や先祖を祀る祖霊信仰と結びついたのは、有賀によれば奈良時代中期からで、藤原氏のような「氏《うじ》」という、当時の上級階層の社会集団による氏寺信仰によるものでした。これは柳田が考えていたよりもはやくから、ホトケが死者を意味するようになった、仏教が祖霊信仰と習合して日本に広まった、ということです。そして、「盆」というのは仏教と祖霊信仰が習合した行事、と捉えることがもっとも理解しやすいでしょう。

外来信仰であった仏教が日本に広まり土着したとき、「仏教の民俗化」と「民俗の仏教化」という現象がおきました。「民俗」とは、私たちごく普通に生活している日本人が伝承してきた習慣、習俗のことであり、生活文化の様式のことです。図2のように、仏教は日本的に民俗化して変容し、「仏」は死者や先祖祭祀という祖霊信仰と結びついてホトケになりました。一方、日本人のホトケという祖霊信仰の民俗は仏教化して「仏」になったのです。お盆というのは、その典型的な例ということになります。お盆になると私たちはオショライサン（お精霊）などと呼ぶホトケ・先祖が訪れてくるので、お墓にお参りしてお迎えします。家々では仏壇脇や縁側などに盆の棚をつくって供養し、僧侶が走り回ってお盆の棚経を読経しています。『盂蘭盆経』という典拠のお経があり、

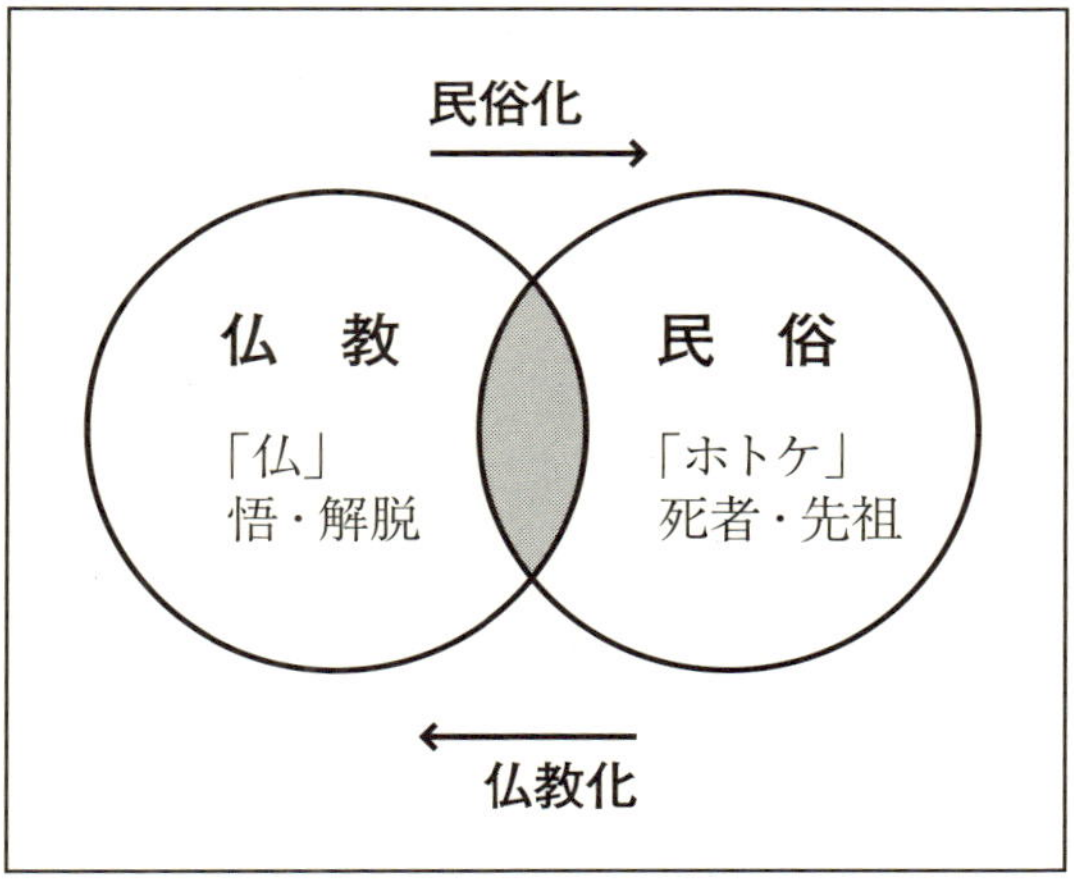

図２　仏教と民俗の関係

お寺ではお施餓鬼という法会も行われますので、お盆行事は仏教の行事であるとなんとなく思っていますが、実は信仰の本質は日本人の祖霊信仰です。仏教が非常に深く関わっていますが、本来的には仏教の行事ではなくて、日本人の民間における先祖祭祀であり、祖霊信仰の行事になっています。「仏教の行事ではない」と言いますと、仏教側からお叱りを受けそうで、すこし言い過ぎかも知れません。仏教と祖霊信仰が不可分に結びつ

いた「日本仏教の行事」としておきましょう。とにかく、私たちが行っている盆という信仰行事は、表層は仏教、基層は民間の先祖祭りという祖霊信仰ということです。盆行事の主体が寺院というよりも、家々や地域が主体になって行ってきたことからもわかります。

盆が民俗化したもう一つの理由

盆が民俗化した大きな理由は、ホトケが死者を意味するようになったことですが、もうひとつあります。中国から渡来した『盂蘭盆経』には、盂蘭盆会を行う日が旧暦七月十五日と説かれていました。お盆と暦の関係を最初に述べましたが、お盆は夏の行事ではなくて初秋の行事でした。旧暦七、八、九月は秋であり、その最初の月である七月は初秋、そして七月十五日は必ず満月でした。

柳田国男が『先祖の話』などで主張したことに、正月とお盆は日本人にとって二大「魂《たま》祭り」の時であったという指摘があります。正月は新年を迎えるときであり、年（歳）の神を依り付かせる門松を立てる、年魂《としだま》を意味する餅を供えたり雑煮として食べる、という年神《としがみ》を祭る儀礼が行われます。大正月《おおしょうがつ》といって一月朔日を中心とする行事、小正月《こしょうがつ》といって一月十五日を中心とする行事に分かれていますが、どうしてなのかはきちんとした説明がありません。旧暦一月十五日は、やはり満月になります。柳田はこの年神を先祖という祖霊と同じカミととらえて、正月をお盆と並ぶ日本人の魂祭りの時であったと説きました。鎌倉時代末期に成立した吉田兼好の『徒然草』には、「魂祭るわざは此頃都には無きを、東の方にては猶することにてありしこそ、哀れなりしか」と出ています。十四世紀の初め頃、京都では正月の魂祭り行事がなくなってしまいましたが、関東ではまだ行っていました。日本の正月行事にも、ミタマノメシ（御魂の飯）といって大晦日の夜、仏壇などに丸い飯を供える民俗などが宮城・新潟・群馬・茨城・埼玉・長野県などに伝承されてきました。

年中行事は春（一・二・三月）と夏（四・五・六月）、そして秋（七・八・九月）と冬（十・十一・十二月）の二期に大きく分かれます。六月末には穢れを除く水無月《みなづき》の祓え、十二月には大歳《おおどし》の祓えという行事があって、一月と七月という初春と初秋の最初の時季に祖霊が訪れてくるという民俗信仰があり、先祖の魂祭りが行われていたのです。旧暦七月十五日は、ちょうど『盂蘭盆経』で説くところの七月十五日と重なり合ったのです。お盆が仏教と習合して、先祖を祭る行事が盛んになったのは、こうした理由も大きかったのでしょう。

盆行事の歴史と成立

法会から庶民の行事へ

盂蘭盆会の始まり

日本におけるお盆の歴史について、史料に即しながら概略をみてみましょう。法会《ほうえ》としての盂蘭盆会から、庶民の盆「行事」が成立し展開してきた経緯を追ってみます。「仏」から死者や先祖を祭る「ホトケ」としての盆行事の成立という歴史です。

まず、一番古い史料として三つの記録を掲げます。

（1）『日本書紀』推古天皇十四年（六〇六）

この年より初めて寺毎に、四月八日・七月の十五日に設斎す。

（2）『日本書紀』斉明天皇三年（六五七）

辛丑の日（十五日）に、須弥山の像を飛鳥の寺の西に作る。また、盂蘭瓫会設く。

（3）同五年（六五九）

庚寅の日（十五日）に、群臣に詔して、京内の諸寺に盂蘭盆経を勧講かしめて、七世の父母を報いしむ。

推古十四年の記述には盂蘭盆という表現が出ていませんが、七月十五日ですから盂蘭盆会が寺ごとに初めて行われたとみてよいでしょう。「設斎」は「ヲガミ」と読んでいます。斉明三年の記述には、「盂蘭瓫《うらぼん》会設く《のをがみまう》」とありますから、まちがいなく行われています。「ウラホムノヲカミ」と読ませています。斉明五年のものは、天皇が群臣に詔して都（京内）の寺々に『盂蘭盆経』をトカシメテ（勧講）七世父母のメクミ（恩）に報いさせたとあります。「勧講」というのは、読誦したあとにその内容を講じた、という意味でしょう。これらの中に「寺」とあります。『日本書紀』推古二年春二月（五九四）には「皇太子および大臣に詔して、三宝を興隆せしめ、この時にもろもろの臣連等おのおの君親の恩（ヲヤノメグミ）のために、競て仏舎（ホトケノヲホトノ）を造る。すなわちこれを寺と謂う」とあって、天皇が氏に寺を建立するように命じていました。氏ごとに寺を造って、『盂蘭盆経』に説くところの「父母の恩」に報いるように勧めました。こうしてみますと、氏という上級階層の集団内に限られますが、はやくから盂蘭盆会は寺で行われていたことがわかります。『続日本紀』第十一、天平五年（七三三）七月の条には、「はじめて大膳職をして盂蘭瓫の供養を備えさせた」ともあります。「大膳職」は宮中の料理をつかさどった役所ですが、ここに盆供養の瓫を準備させました。

平安時代の盆と瓫

『日本書紀』の記事の中にも「瓫」とありましたが、十一世紀になると公家の日記などにお盆の記事がみられるようになります。「瓫を送る」「拝瓫」という表現がしばしば出てきます。

（4）『権記』長保六年（一〇〇四）七月十四日
今日物忌なり、瓫料五具を所々へ送る。

（5）『小右記』長和二年（一〇一三）七月十四日
拝瓫寺々（東北院、道澄寺、勧修寺、禅林寺、仏性院、天安寺、清水寺）へ頒送す。

（7）『殿暦』康和五年（一一〇三）七月十四日
北政所京極殿に御渡す、余御共に参る、今日日次に依って宜しく拝瓫すべし、余衣冠にて簾中において之を拝す、先ず大殿（藤原師実）、次に二条殿（藤原師通）、各二度拝す、瓫は延〔筵〕に具え居く、……その儀簾を垂れ、その中に畳一枚を敷く（余は南面に座す）、長筵を敷き、その上に長櫃を立つ、そのふたをかへいて、その上に瓫を置く、長櫃は各四つ、合わせて八つなり、拝し了りて各送り了る、未の剋ばかり高陽院に還りて戌の刻ばかり参内、亥の刻ばかり退出、拝す以前沐浴潔斎なり。

『権記《ごんき》』は権大納言であった藤原行成《こうぜい》の日記、『小右記』は右大臣であった藤原実資《さねすけ》の日記、『殿暦《でんりやく》』は関白太政大臣であった藤原忠実の日記です。七月十四日が拝瓫の日であったようで、ゆかりの寺々へ瓫を送っています。（7）『殿暦』の記事をみますと、拝瓫の様子が少しわかります。藤原忠実（一〇七八～一一六二）は祖母であった北政所（源灑子）とともに祖父師実《もろざね》（一〇四二～一一〇一）の京極殿に行って、簾《みす》の中に安置された瓫を拝んでいます。まず最初に祖父であった大殿・師実、次に父であった師通《もろみち》（一〇六二～一〇九九）の瓫を二度ずつ拝んでいます。垂れた簾の中に畳一枚を敷き、その上に長筵《むしろ》を敷いて長櫃《ひつ》が置かれていました。そして、長櫃の蓋をひっくり返した上に瓫が安置されていて、祖父師実のための瓫が四つ、父師通のための瓫が四つ、計八合据えられていました。これを拝んだ後、それぞれ送られたとあります。七月十四日は拝瓫の行事の日で、「今日物忌なり」「拝む以前、沐浴潔斎なり」とあるように特別な日でした。家での亡き人に対する拝瓫が終わると、盂蘭盆会を行っている寺々へ送り、これは『盂蘭盆経』に説く自恣僧への供養ということであったでしょう。このように寺院で行われた盂蘭盆会の行事とは別に、死者のために供える瓫を拝する行事がありました。そしてこの頃は、瓫を寺へ送っても、施主が寺へ参詣して供養するということはなかったようです。しかし、この後次第に寺での盂蘭盆講に貴族が参加するようになっていきます。平安時代、こうした拝瓫の行事と寺院へ送瓫することは藤原氏など貴族中心の盆行事でしたが、次のような史料もあります。

(8)『今昔物語集』巻二四の四九

七月十五日立盆女《ふみつきもちのひぼんをたつるをむな》、読和歌語《わかをよむこと》第四十九

今昔《いまはむかし》、七月十五日ノ□盆ノ日、極《いみじ》ク貧《まづし》カリケル女ノ、祖《おや》ノ為ニ食《じき》ヲ備フルニ不堪《たへず》シテ、一ツ着タリケル薄色ノ綾ノ衣《きぬ》ノ表《うへ》ヲ解《とき》テ、瓫《ひらか》ノ瓫《ほとき》ニ入レテ、蓮《はちす》ノ葉ヲ上ニ覆《おほひ》テ、愛□寺ニ持参《もてまゐり》テ、伏礼《ふしをがみ》テ泣テ去ニケリ。

其後、人怪《あやし》ムデ寄テテ此レヲ見レバ、蓮ノ葉ニ此《か》ク書タリケリ。

　タテマツルハチスノウヘノ露バカリコレヲアハレニミヨノホトケニ

ト。人〻此レヲ見テ皆哀《あはれ》ガリケリ。

其人ト云事ハ不知《しら》デ止《やみ》ニケリトナム語リ伝ヘタルトヤ。

『今昔物語集』は十二世紀前半の成立といわれます。これによると、七月十五日、極貧の女性が親のために食物を用意することができないので、「薄色の衣の表」を瓫の器物に入れ、蓮の葉で上を覆って愛宕寺へ送り、「差し上げられるものは蓮の上の葉の露ほどしかありませんが、どうぞこれをあわれとご覧ください、三世の仏さま」と書き添えられていたとあります。「綾ノ衣」を持っていた女が極貧の者かという疑問もありますが、民間の中でも亡き人のために瓫の食物を備えて寺へ送る、という盆の行事があったともみられます。

鎌倉・室町時代の盆行事

十二世紀の後半以降、中世になると万灯・墓参・灯籠寄進・風流踊り・蓮の飯・生御霊といった盆行事があらわれてきます。

（8）『吾妻鏡』第六、文治二年（一一八六）七月十五日条
盂蘭盆を迎え、勝長壽院において万灯会行れる。仍ち二品並びに御台所渡御す。

これ二親以下尊霊得脱のおんためなりと云々。

(9)『明月記』寛喜二年(一二三〇)七月十四日条

近年民家今夜長き竿を立て、其の鋒に灯楼の如き物を付け(紙を張る)、灯を挙ぐ。遠近之れ有り。逐年其の数多し。流星人魂に似たり。夜綿を著すと。

(10)『師守記』貞和五年(一三四九)七月十五日

今朝二親のおんために、霊供二前を備える、其の外覚妙、妙心等の分二前、都合四前なり、予箸を立つ。

(11)『満済准后日記』応永二十年(一四一三)七月十四日・十五日条

十四日　盆供用近年の如く山上山下各に百疋下行す。……菩提寺の御墓に詣づ。理趣経等常の如し。以後、金院において理趣経之れあり。

十五日　金院御堂本尊祖師等の盆供之を備える。当年初めなり。菩提寺において自恣僧を供養す。三百疋前日より知事方へ遣わす。相伴のため罷り向かい畢んぬ。

『吾妻鏡』は鎌倉幕府の記録を日記体に記したものですが、七月十五日に勝長壽院で万灯会が行われたとあります。万灯会というのは現代でも盛んに行われている盆の行事であり風物詩となっているものですが、懺悔・滅罪のために仏や菩薩に多くの灯明を供養するものです。もともとは、三月や九月に奈良・薬師寺や東大寺などで行われていた行事でした。この万灯会が七月十五日の盆と結びつき、さらに「二親以下の尊霊得脱」のために点ぜられたとあります。「得脱」というのは「解脱を得る」ということですから、死者の尊霊が迷い苦しんでいることから救われるために、という意味を込めての行事でした。

『明月記』は藤原定家の日記で治承四年（一一八〇）から嘉禎元年（一二三五）の記録があります。公家や武家などの見聞が記されていますが、寛喜二年（一二三〇）七月十四日条には、珍しく民間における行事が記されています。近年、七月十四日の夜になると民間の人々が家に長い竿を立て、その先端に火を灯す行事が年を逐《お》って盛んになったとあります。竿の先には紙を張った灯籠のようなものが付けられ、流星のような人魂の光だと喩えています。これは現代でも伝承されている「高灯籠《たかとうろう》」というものです。盆に訪れてくる精霊を火でもって迎える行事です。『明月記』によりますと藤原定家は七月十四日になると、毎年「瓫供」を行っていました。正治元年(一一九九)に「瓫供之れを拝す、法性寺へ送ること例の如し」とあり、建仁二年(一二〇二)・承元元年(一二〇七)・建暦元年(一二一一)・建保元年(一二一三)・天福元年(一二三三)・文暦元年(一二三四)の条にもみえます。当時、定家だけでなく貴族の家では瓫供の行事が行われていました。

南北朝時代の地下人《じげにん》であった中原師守《もろもり》の日記『師守記』には、貞和五年(一三四九)七月十五日の条に、やはり二親のために霊供二膳を供え、姉であった覚妙、妙心などのためにも供えたとあります。瓫ではなく霊供膳のようで、「箸を立つ」とありますからミタマノメシ(御霊の飯)のようだったでしょうか。引用を省きましたが、「今日蓮葉飯例の如し」と十五日に蓮葉飯を食べています。また、前日の十四日には墳墓に詣でて二親の御墓に水を手向け、親恵(師右)の聖霊墓で阿弥陀経と念仏を僧侶に読ませています。師守は、十五日に二親や姉たちのために霊供を供える行事を家で行っていますが、この後霊供は寺に送られていません。寺で行われる盂蘭盆会や自恣僧への供養という意味はなくなり、家の死者への供物といった意味と行事に変化してきています。

『満済准后日記《まんさいじゅごうにっき》』は、室町時代前期の醍醐寺座主満済の日記です。満済の七月十四日と十五日における毎年の記事をみますと、十四日に菩提寺の墓に参詣し、十五日には『盂蘭盆経』を自ら書写しています。そして諸衆とともに同音で『盂蘭盆経』を読誦し、経釈を行っていました。十四世紀半ばの『師守記』にもすでに見られますが、この頃から盆を迎えるときに墓参ということが行われるようになりました。「墓」というものが成立してきて、盆行事の墓参りを人々が意識するようになったのは、十四世紀半ばから十五世紀にかけての頃からです。

十五世紀になりますと、盆はずいぶんと賑やかになりました。念仏風流《ふりゅう》・踊りや灯籠寄進の記事がよく見られるようになります。

(12)『看聞御記』、応永二十八年（一四二一）七月十五日
石井の念仏拍物今夜風流あり。茶屋を立つ。其の屋に人形喝食金打あやつりて金を打舞。其の外異形の風流等之れあり。密々之れを見物す。

(13)『大乗院寺社雑事記』、文明元年（一四六九）七月十六日

古市念仏風流之れあり、奈良中の者罷り下ると云々。

『看聞御記《かんもんぎょき》』は後崇光院伏見宮貞成親王の日記で、「念仏拍物」「風流」とあります。拍子をとって念仏が唱えられ、操り人形の作り物が出て見物しています。永享三年（一四三一）七月十五日条には、即成院で行われた念仏躍り（踊り）が毎年行われていました。『大乗院寺社雑事記《だいじょういんじしゃぞうじき》』は大乗院門跡尋尊の記録で、奈良中で念仏風流が盆に行われていたことが知られます。文明二年（一四七八）には奈良中の念仏停止があって、「貝鐘声聞かず、且つ不吉の事なり」と記しています。すぐに停止は解かれたようで、念仏は街の辻々で行われ、延徳元年（一四八九）七月十六日条には、「福智院堂前念仏造物之れあり、在々所々念仏風流と云々」とあります。鐘鼓を叩きながらの念仏や踊りが出て、さらに作り物の舞車などが登場していました。『実隆公記《さねたかこうき》』永正二年（一五〇五）七月十六日条には「夜に入り所々踊躍、言語道断なり」とあり、十八日にも「京中踊躍、鐘鼓の声満つるのみ」とあって、十九日まで続いていました。

盆に灯籠を寄進したり、これを見物することも行われました。

(14)『満済准后日記』永享五年（一四三三）七月十四日
尊勝院より灯爐到来す。築立障子の中に布袋・唐子等之れあり。アヤツリなり。

(15)『看聞御記』永享八年（一四三六）七月十四日
公方より灯爐芳野山風情宮御方へ進らる。……清賢灯爐作らしむ。宇治橋浄妙合戦。

(16)『言国卿記』、文明六年（一四七四）七月十五日
御灯爐女中御進上アリ、鷲アハスル所なり、この鷲鳴くなり、近ごろ耳ヲトロカスなり。

現代でも親戚が初盆に灯籠を寄進することは行われていますが、この時代の灯籠は「布袋・唐子等」「宇治橋浄妙合戦」「鷲」というように作り物の風流化したもので、人々を驚かす趣向のものでした。風流とは、和歌や漢詩・物語などから作った風情ある作り物をしたもの、仮装、練り物などのことで、派手な衣装をまとって踊る踊りそのものも意味します。灯籠も風流化して「献上灯籠」という派手なものになったのです。灯籠ですから当然「火」が灯され、夜になって見物が行われました。こうした盆灯籠は近

世を通じても寄進され、京都では西本願寺の盆灯籠が盆の風物詩になっていました。

この他、盆に関わる行事として「生見玉《いきみたま》（生御霊）の祝い」といって、両親が揃っている者が魚を食べる習慣がありました。これはずいぶんと古くて、先にみた『明月記』寛喜元年（一二二九）七月十四日条に「諸家の説、古今父母ある人、明殊《ママ》に魚食せしむと云々」と出てきます。戦国時代の本願寺史料である『天文日記』などにも出てきますし、餅米を蓮の葉をつかって蒸した「蓮葉飯」も盆に食べるものとしてありました。

このように中世になると、次第に盆行事が賑やかになりました。寺院では変わらず盂蘭盆会が行われていましたが、家では霊供膳を備えて親などの死者を供養するようになり、盆を迎えるにあたって家の軒高く火を灯して精霊を招いたり、墓参するようにもなりました。万灯や灯籠というものも風流化して華やかになりますが、もともとは「火」でもって祖先を迎え供養するためであったはずです。灯籠は訪れてくる精霊の目印であると同時に、柳田が述べたように「霊」の容器つまりホトキ（缶）とみられ、精霊の象徴と信じられたのでしょう。近世以前、仏壇はまだ成立していませんので、家の中にありません。民間の寺院も少なく、僧侶が棚経《たなぎょう》といって家々を回ってお参りすることもありませんでした。したがって、灯籠を中心にして念仏を唱えたり踊ったりすることが、庶民にとっての死者に対する供養であったのです。

この時代、いまひとつ忘れてならないことがあります。中世は戦乱の時代でしたから、繰り返し多くの戦死者がありました。『吾妻鏡』建久元年（一一九〇）七月十五日条には、盂蘭盆で「平氏滅亡衆等の黄泉を照らすため」に万灯会を勤めたとあります。応仁の乱もありました。非業《ひごう》の死をとげた戦死者、祀られざる死者の霊のために施餓鬼会が行われています。仏教側の儀礼では、曹洞宗の『螢山清規《けいざんしんぎ》』（一三二四年）に施餓鬼が初めて出てきますし、『諸回向清規式《しょえこうしんぎしき》』（一五六六）には施餓鬼・水陸会・盂蘭盆血縁施食・盂蘭盆亡者追善・施食・時正施食といった儀式内容が制定されています。施餓鬼と盆が習合するのは近世になってからでしょう。

江戸時代の盆行事

江戸時代にはいると、現在行っているような盆の行事が見られます。戦国時代末期から近世初期にかけて「村の寺院」が成立し、教団に所属する僧侶も止住するようになります。寛文から元禄（一六六一～一七〇三）頃には、仏壇も成立して家々に安置されるようになりました。死者に対して石塔を建立し、一般的に家の「墓」が成立するようになるのも近世初頭からです。江戸幕府による寺檀制度も成立しました。こうしたなかで、今日みるような「家の先祖」を祀る盆の行事ができあがりました。

江戸時代における盆行事の様子を、菅江真澄《すがえますみ》の記録によってみてみましょう。菅江真澄（一七五四～一八二九）は、愛知県三河の国に生まれ、三十歳の天明三年（一七八三）に故郷を旅立って、いまの長野・新潟・山形・秋田・青森・岩手・宮城・北海道を歩いた旅行家でした。文人でもあって、地方に生きる人々の生活や風物などをスケッチとともに紀行文として残しています。

(17)『菅江真澄遊覧記』「外が浜づたい」天明八年（一七七八）七月十三日

やどにはいると、盆のたま祭を行なうといって、仏前にあか棚をつくり、おみなえし・小萩・小車・水かけ草（ミソハギ）などを折ってそなえた。仏前には横につった棹に五色の紙をかさねかけて、粢をいろいろな色に染めたのや、せんべい・青豆・はまなすび・山葡萄などに糸をつけてかけ、昆布を細く切ったのをこれにまぜてかけてある。萩や薄のくきを青こもに編んだものを、あか棚の上に清らかに敷き、かいばといって朴のひろい葉をびっしりとしきならべてあるのは、はすの葉がないのでそれに代用したのだろう……日が西に傾いて夕方になると老女・主婦・子供らみなそろって、磯山のかげの墓場にいって灯をともし、珠数をすり、鉦鼓をうちならしながら「なむあみだほとけ、なむあみだほとけ、あなとうと、わが父母よ、おじ、あねよ、太郎があっぱ（母）、次郎がえて（おやじ）」などと叫んで、亡き魂を呼ぶうちに日が暮れた。

この記録は青森県津軽半島の突端、竜飛岬のすぐ近くにある上宇鉄（東津軽郡外ヶ浜町三厩）という小さな村で行われていた盆の様子です。蝦夷（北海道）の松前に渡ろうと風待ちをしていた時に見聞したものでした。お盆のことを「たま（魂）祭」と呼んでいます。仏壇の前に棚を作って左右に立てた柱に棹をわたし、そこに色を付けた粢《しとぎ》（米粉をこねて固めた供え物）やせんべい・青豆・はまなすび・山葡萄が糸に結びつけられてぶら下げられています。また「五色の紙」と細く切った昆布が棹に掛けられていました。「五色の紙」というのは、寺の施餓鬼でもらってきた五如来の幡でしょうか。棚の上には萩や薄《すすき》の茎で編んだ敷物があり、その上には蓮の葉がないので朴の葉が並べられていました。十三日の夕方、家中の家族が墓場へ行って迎え火を焚き、珠数をすり揉みながら鉦を打ち、念仏を唱えてから父母や兄弟・叔父などの名前を呼んで「亡き魂」を迎えています。この後、菅江真澄は松前にわたってしまいましたので、十四日や十五日がどうであったのかわかりません。しかし、本州北端の小さな村の人々がどのようにお盆を迎え、家の先祖を迎えようとしていたのか具体的に、その気持ちまで含めて十分に伝わってきます。

いまひとつ、江戸時代後期の新潟県長岡辺りにおける盆行事を見てみましょう。

(18) 越後国長岡領風俗問状答「六九　盆供魂祭の事」
農商の家にて、此月朔日より追々菩提寺へ施物して時斎に付、是を盆ふちといふ。士家にはかゝる事なし。十二三日に墓所を飾る、そのさま石牌の前に葉竹もて、鳥居かたにかまへすゝきゆひそへ、細き縄をはりめぐらし、灯籠かけ、素麺、大角豆、青大豆などかくる。牌前菰あみたるものをしき、香花、瓜茄子の牛馬などをそなふる事、諸国も同じかるべし。家々にて持仏のかざり大かた同じさま也。十三日夕迎火をたき、十六日夕送り火をたく。其間の供物、団子、煮染もの、強飯、素麺日々同じからず。盆中僧徒必来て誦経す。是を棚経といふ。是はもし異法のものもあらんやと、銘々の持仏堂を改る心なりとぞ。よて棚経は寺々の役目にて来ればとて施物せぬも侍り。田舎には十三日夜丑の時、聖霊来り給ふとて墓にまうず。松明持ち灯籠ともして村はしまで迎えに出で侍り、三島郡のうちにて親澤村わたりは、十三日墓前、聖霊は倶誓(弘)の舟にのりて来給ふとて、近き川辺にみな〳〵出て、先祖代々親子兄弟の俗名をこゑ〳〵に呼び、扨おの〳〵背負たる体をなして帰る。家々には残りたるもの戸ごとに迎火をたく。まづ帰れるものは霊棚の前にをろし参らするさまして、後みな〳〵うちつどひて、物語りはせねど、いと珍しき体にてもてなす。十六日までの香花供物、世なみにかはれる事侍らず、十六日昼すぐる頃、聖霊の立給ふとて、背負たる姿し送火焼て、はじめ迎し川辺まで行、をろし参らせて別をかなしむさま、いにしへは多くかくや有し。いと殊勝なりかし。

「越後国長岡領風俗問状答」というのは、幕府の儒者であった屋代弘賢《やしろひろかた》が風俗調査（風俗問状）のため各藩に行ったアンケートの回答書です。問状の発送は文化十二年（一八一五）頃に始まったといいますから、菅江真澄と同時代の史料です。農家や商家の人たちは七月一日から菩提寺へ参詣し、十二日か十三日になると墓の前に鳥居形のものをしつらえていろんな供物を糸で吊していました。これは盆棚で、持仏堂と呼ばれていた仏壇の前にも同じ棚を作っています。そして、十三日夕方に聖霊を迎える迎え火、十六日夕方に聖霊を送る送り火を焚きました。盆の期間中は、仏壇前の棚に朝昼晩、三度三度の食事をいろいろ供えています。檀那寺の住職が棚経を行っていました。長岡城下以外の田舎になると聖霊（精霊）の送り迎えは丁寧でした。十三日の夜に墓参りして、菅江真澄が見聞した津軽のように先祖代々親子兄弟の名前を呼び、「背負う」格好で家に迎え、また送っていました。送り迎えの場所は「川辺」と意識されていました。アンケートにはこの後盆踊りなどのことも返答されていて、城下町だけでなく村々でも十三・十四日から十七・十八日にかけ子供や男女が混じって盛んに踊っていた、とあります。また、「いきみたまの事」として、刺し鯖を年長者にすすめ、白強飯を蓮の葉にもって神仏に供えたり、両親へ魚をすすめて食し祝ったことが記されています。

江戸時代には、庶民においても墓や川辺・海などで火を焚いて先祖を迎え、家の仏壇や盆棚で先祖を饗応し、そしてまた送る、という儀礼が成立しました。中世に風流化した盆灯籠も都鄙に飾られ、念仏踊りや盆踊りも地域の盆行事として盛んになったのです。

盆行事の諸相

　ここからは、現在私たちが行っている盆行事について見てみましょう。少し前まで、二十年から三十年前まで行っていた盆の行事も含めて、流れにしたがって述べます。「お盆をどうしたらいいの」「お盆の行事には、どんな意味があるの」と疑問に思っている人も多いでしょう。行事の具体的姿と意味を考えてみます。

盆の準備と饗応

盆の期間はいつか

お盆はいつ始まって、いつ終わるのか。単純な問いですが、これが実はなかなか難しいのです。簡単に答えることができません。これまで述べてきたように、仏教にとって七月十五日が「盂蘭盆」法要の日であり、僧侶に供養する自恣《じし》の日でした。しかし、歴史的には十四日が「拝瓫《はいぼん》」の日であり、死者に対して供えた「瓫」を拝んだ後、ゆかりの寺院に送り届ける「送瓫」の日でした。「墓」が成立してきますと、十三日や十四日は墓参の日でもありました。そうしますと、お盆は十三・十四・十五日かというと、必ずしもこのように規定することもできません。「お盆は十四日、十五日」という地域もあります。近世では七月にはいると菩提寺に参詣したり、十六日に先祖を送る、あるいは十七・十八日まで盆の踊りを行っていました。現代においても、盆行事の期間は地域によって統一されていません。それでも盆というのは、おおむね次の期間の行事と捉えることができます。

盆月の一日のことを「釜蓋朔日《かまぶたついたち》」といって、地獄の釜の蓋が開いて亡者《もうじゃ》が出てくる日だという伝承がありました。おもしろいことに、地獄の釜の蓋が開くと赤とんぼが出てきて、これに乗って亡き人がやってくるのだ、と語っていたところもありました。次に述べるように、現在でも一日あるいは前の日の三十一日に灯籠を立てるところがあり、お盆の始まりと意識されています。「七日盆」という言葉もあり、八月七日（七月七日）頃がお盆の準備に入る時としているところもあります。そして、十三・十四・十五日、もしくは十六日が盆行事の中心です。終わりはいつかといいますと、八月二十四日が「地蔵盆」であり、この日を「ウラボン」と言っているところが全国にあります。十三・十四・十五日（十六日）が「オモテボン」（表盆）であるのに対して、二十四日がウラボン（裏盆）だというのです。これは仏教の教えによるものではなく、民間における盆行事の習俗から生まれてきた伝承です。正月が一日を中心とした大正月と、十五日を中心にした行事があって期間が長かったように、お盆も十五日を中心にして一日から二十四日頃までを期間とした一連の行事である、と捉えるのが正確でしょう。

灯籠を立てる

三重県四日市市の六呂見《ろくろみ》町では、七月も半ばを過ぎると「血の濃い」親戚から初盆の家に切子灯籠一対が贈られ、七月三十一日になると火を灯し始めて、これをツゴモトボシ（晦日点し）と言っています。

愛知県の渥美半島から東三河平野部にかけての地域でも、トウロウオコシ（灯籠起こし）という行事が行われています。八月一日が初盆供養の日と意識されていて、この日に「トウロウ木を立てる」などと言い、初盆の家の門口に灯籠を立ててロウソクを灯すことになっています。トウロウ木というのは、松の木の上部に杉の枝で輪を作り、切子灯籠を付けたもののことで、渥美半島の田原市池尻ではイッケと称される同族の人たちが集まって用意します。庭先に軒までの高さの木を立て灯籠を付けます。同じ田原市六連《むつれ》ではタカトウロウ（高灯籠）といって、七月三十一日にシマ（組）の人が集まって立てています。竹竿を立て、丸くした両下部に杉の葉を付けて、鳥の巣箱のような行灯《あんどん》型をした手作りのトウロウをぶら下げます。この灯籠には、夕方になると毎晩灯が入れられ、ウラボンの二十三日に寺へ納められます。灯籠が立てられる八月一日になると、親

トウロウ木（愛知県田原市池尻）

切子灯籠（三重県四日市市六呂見）

戚は袋米をもって初盆の家に行きます。袋米というのは、女性なら三角形、男性なら細長い四角形の袋にお供えとしての米を入れたもののことです。寺の住職が来て初盆のお参りが済むと、親戚一同そろって寺へ行き、この袋米を供えます。また、これとは別にオセシ（お施主）の家では一斗も入る大きな袋米を用意し、草鞋《わらじ》と扇子を添えて寺へ持って行くことになっています。草鞋と扇子を袋米に添えるのは、オショロサンに対して「これを履いて、行き帰りしてください。扇子は暑いから、これであおいでください」という意味からでした。

このように一日が盆の始まりで、灯籠を家の門口に立てるところがありました。

七日盆と盆の市

盆月の七日をナヌカボンと称して、お盆の準備をいろいろ始めるところが全国各地にあります。七日を墓掃除の日とするところも多くありました。村中総出で墓地をきれいにし、また墓地から家までの路を清掃したものです。祖霊が帰ってくる盆路つくりです。愛知県の奥三河地方では、村の外へ通じる道をきれいにして、嫁入りした娘や子どもが盆に帰ってくることに備えたといっています。この頃、盆に供える花を山から切ってきて用意しました。地方によってさまざまですが、盆花はホオズキ、オミナエシ、キキョウ、ヤマユリ、ミソハギなどであり、常緑樹の高野槇や樒です。これを盆花迎えといって、盆花に憑《つ》いてくる祖霊をお迎えする意味がありました。

京都市内では「六道さん」と呼ばれる行事が、現在でも盛んに行われています。八月七日から十日までの間、京都市東山区にある珍皇寺《ちんのうじ》（臨済宗建仁寺派）にお参りして、オショライサンをお迎えするというものです。近くには六波羅蜜寺や西福寺もあって、この辺りは「六道の辻」と呼ばれ、古くは鳥部野という葬送地の入り口でした。珍皇寺境内の入り口には花屋が店を並べて、高野槇《こうやまき》や仏花として蓮の花、蓮の実、樒、ミソハギ、ホオズキが売られます。新仏を祀るため盆棚の道具、供物なども店先に並びます。六道参りの人は、まず高野槇を買い求め、それから珍皇寺本堂前で「水塔婆」を買って先祖の戒名や名前を記入してもらいます。それから「迎え鐘」をつき、水塔婆を線香の煙にあててから近くにある石地蔵の前に水塔婆を供えます。ここで高野槇を使って水を塔婆にかけます。これがオショライサンをお迎えするお参りの仕方ですが、この後、参詣者は高野槇を家に持ち帰ります。以前は、六道さんにお参りすると、続いて清水寺奥の院のところにあるお地蔵さんまでお参りしたものだといいます。家では仏壇に槇を供えた後、井戸に槇を吊して十三日からのお盆を待ったものだとも聞きました。また、現在の六道さんは八月七日からですが、以前は八月八日から十日で、九日から十日にかけては夜通しのお参りがあって「十日参り」とも呼んでいたといいます。

珍皇寺の六道さんと同様な行事が、京都市上京区千本通りの引接寺《いんじょうじ》（高野山真言宗）・

珍皇寺の「六道さん」・本堂前で水塔婆を買う

高野槇で塔婆に水をかける

通称千本えんま堂でも八月七日から十五日まで行われています。七日がオショライサンのお迎え日とされ、迎え団子が売られています。室町時代の大きな閻魔坐王像がありますが、この閻魔様のお許しを得て先祖の精霊が各家の庭に帰るのだといっています。水塔婆を地蔵供養池に流してから「迎え鐘」をつき、この鐘の音にのってオショライサンが帰ってくるのだとされています。珍皇寺と千本えんま堂は、ともにこの世とあの世を行き来した小野篁《おののたかむら》に関わる伝承を伝えています。千本えんま堂も、やはりかつて京都の葬送地であった蓮台野の入り口でした。

珍皇寺の「六道さん」や千本えんま堂のオショライサン迎えは、京都という都会の精霊迎えですが、地方ごとに七日から十日頃にかけて迎えの行事が行われ、十三日からの盆行事に必要な盆花や道具を買い求める盆の市が立ったりしました。家々では仏壇の仏具磨きが行われ、この頃から灯籠を立てるところもあります。

寺院の施餓鬼

盆月に入ると、真宗を除く各宗派の寺院では施餓鬼（施食《せじき》）が行われます。施餓鬼棚を本堂の外縁や庭に設けて法要をします。棚の上には五如来の旗を飾り、中央には三界萬霊塔、その下に施餓鬼桶などを使用して施食旗や、「水の子」と称される大根・ニンジン・キュウリなどをきざんだもの、水、霊供膳などを飾ります。弔う死者の戒名や先祖の塔婆を置き、ミソハギなどで水を掛けて水供養したりします。

作法は宗派によって異なりますが、曹洞宗では「大悲心陀羅尼《だいひしんだらに》」「甘露門《かんろもん》」「施食会回《せじきええ》向《こう》」などのお経を唱えます。「甘露門」の中の「招請発願」では「一器の浄食を奉持して、普く十方一切の餓鬼に施すので、先亡や山川や広野にいる諸鬼神などはここに集まれ。願くは此の食を受けて虚空の諸仏や聖、一切の有情に供養して皆飽満するように、そしてこの呪食に乗じて苦しみを離れて解脱し、天に生じて楽を受けんことを」などとあります。また、「施食会回向」では、

> 仏身は法界に充満し。普く一切群生の前に現ず。縁に随い感に赴いて周ねからずということ無し而も常にこの菩提座に處す。仰ぎ冀くは三宝俯して照鑑を垂れ給え。上来諷経する功徳は、（志す所の戒名此処に入れる）無尽法界一切の群類（に回向

す）法味に飽満し、咸く正智を発し、無量の煩悩は皆な解脱を得、隠顕利益し同じく種智を円かにせんことを。

と述べられます。読経する功徳を死者や「法界一切の群類」にふり向けて回向するので、ことごとく皆煩悩を離れて解脱《げだつ》するように、というのです。

お盆を迎える檀家の人たちは、檀那寺の施餓鬼法要に参詣して死者の戒名を書いた塔婆を供養してもらい、この塔婆をお墓に持っていきます。五如来の旗をもらって家の仏壇に飾ったりするところもあります。愛知県小牧市大草では、寺の施餓鬼をハツセガキは八月十日の午前中、それ以外は八月六日から十日間でヨルセガキといって夜にしています。ハツセガキで女のホトケ（仏）は三角の袋、男は四角の袋に米を入れて、袋の上には「上（戒名）」と書いた供え物を持っていきます。戦前までは米でなく麦でした。ムギバツオ（麦初穂）という意味もあったのでしょう。檀家の人は施餓鬼会で先祖を供養してからお墓に参り、お盆の精霊をお迎えすることになるのです。

盆棚と供物

盆棚は精霊棚ともいって、帰ってきたオショライサマ（先祖）を家で祀る臨時壇のことです。仏壇の前に机などを置いて飾る場合もありますが、家の庭や縁側あるいは仏壇脇に棚を別に作って設けます。初盆の新仏の時だけ作るところもあります。盆棚の作り方は、地方によってさまざまですので、「正しい作り方」というものはありません。

図3は、曹洞宗のある冊子に掲載されている「精霊棚の飾り方」です。仏壇正面に台を置いて、真菰《まこも》で編んだゴザを敷きます。ここが先祖の精霊を迎える「霊座」の「結界」であることを示すために、棚の四方に篠竹を柱として立てるとあります。この柱には真菰の縄を張り、盆花のミソハギ、キキョウ、オミナエシ、ユリ、ナデシコ、ホオズキなどを飾り付け、十六ササゲを下げます。中央にはお位牌、その前には「閼伽《あか》水」（ミソハギの花などを添える）、「水の子」（ナスなどをさいの目に細かくきざみ、清水を満たした器に洗米と一緒に入れたもの）、ナスとキュウリにオガラを刺して馬と牛をかたどったものを供えるとあります。曹洞宗による盆棚の見本例ですが、「ひとくちに精霊棚といっても、地方によりその風習や個性はまちまちである」と断っています。

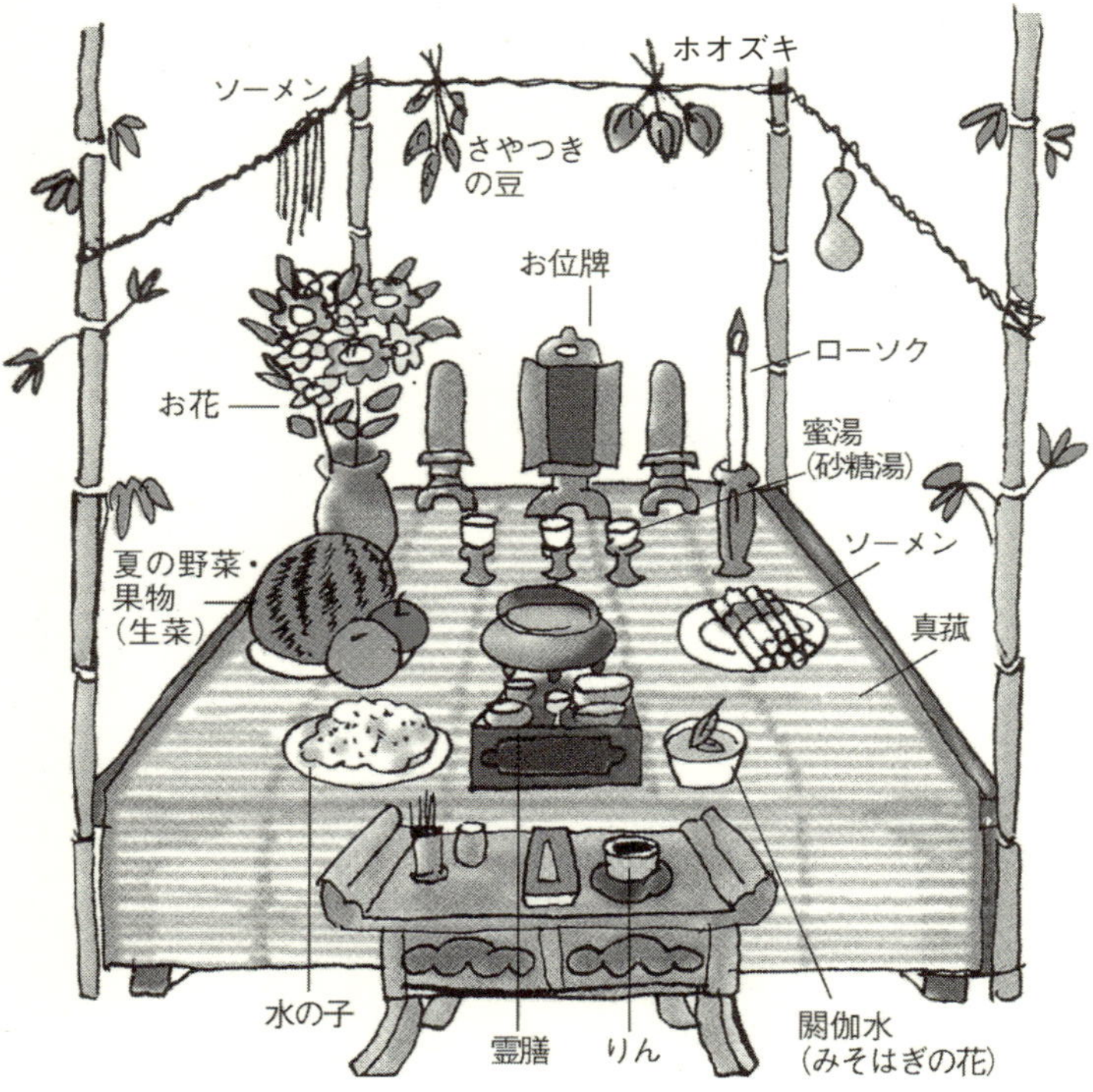

図３　精霊棚の飾り方の一例（曹洞宗）

写真は、灯籠のところで少し紹介した四日市市六呂見のムズムケダナ（水向け棚）と呼ばれる盆棚です。ナヌカボンに組の人が集まり、初盆の家の玄関脇に作ります。ミズムケダナは竹二本（前脚）、木二本（後脚）の四本柱に竹の簀の子で棚をはり、その上に死者の戒名を書いた小塔婆を安置したもので、戒名の周りは杉の葉と割竹を垣根のようにめぐらせます。棚の脚下には、竹の骨組に白紙をはった四角い行灯《あんどん》を斜めにさしかけます。棚の上にはサトイモの葉の上に、ナス、キウリ（黄色の果物の瓜）、果物（桃やリンゴ）を盛り、ササゲの二本つながったものを箸のかわりに供えます。その前には、ソウメンやご飯、漬物などを、小皿に入れてあげておきます。以前は、イイの木という丈の高い草

ムズムケダナ（水向け棚）（三重県四日市市六呂見）

でオショロイサンの箸を作ったり、オショロイサンの足洗いの水といって、桶に水を汲んで棚の前に置いていました。この棚は、盆が終わるまで毎晩行灯に灯が入れられ、初盆に訪れた人はまずここにお参りして死者に水を手向けます。また、この前で「記主《きしゅ》念仏」といって、浄土宗三祖記主禅師（良忠・一一九九～一一八七）相伝と伝承されている盆念仏が、村の人によって唱えられます。

盆の期間中、盆棚には朝昼晩といろんなお供え物があがります。訪れた精霊への食事です。この三度三度の食事ですが、これも各地でさまざまです。以前調べたことのある静岡県湖西市新居町《あらいちょう》の例をあげてみましょう。新居町では仏壇の前に机を置いて、その上に茅で編んだ菰を置き、蓮の葉を敷いていました。そして、サトイモの葉の上に青豆を皮のまま、洗米、きざんだナスと入れます。ナスで馬も作っていました。耳と足四本はハシギ、くちばしはナスの口で、尻尾は草で作ります。普通のお盆では馬は一個ですが、初盆になると余分に一個作るのだと話していました。三度の食事は次のようです。

十三日　朝　迎え団子、ススキをお花としてあげる。「どうぞ、はやくおいでとく

りましょう」という気持ちで用意する。寺からの施餓鬼旗をあげる

十三日　夕　オハギ（三日間の間、必ず一回はあげるものという）
十四日　朝　豆のご飯（赤飯）、白ササゲの汁（サトイモ、ナスなどの野菜とササゲ）
　　　　昼　素麺
　　　　夜　寿司（あるいはご飯）、カボチャを煮たもの、フダマの汁
十五日　朝　豆腐の味噌汁にご飯
　　　　昼　オハギ、素麺、瓜もみ
　　　　夜　寿司、椎茸・油揚げの煮付け、カボチャの煮物
　　　　夜食　ひゅうな雑炊（「もみじな」ともいう、水の中に味噌をさじ一杯入れてかき回し、生の葉をとってきて、中で揉んで青菜の汁を出して小鉢に入れる、帰るときお精霊様がよばれていく）

京都では十三日にお迎え団子、オケソクさんと呼ばれる白餅や蓮菓子、十四日にオハギ、高野豆腐、おしたし、十五日に白蒸し、味噌汁、冷やし素麺、十六日に送り団子、

白餅などを供えています。「白蒸し」（シラムシ）は餅米を炊き、小豆をいれずに黒豆をいれたオコワのことです。仏壇の前に机などの台を置き、その上に蓮の葉を敷いて、コイモ・トウモロコシ・ナスなども供えています。台の奥には、オガラで作った梯子《はしご》を仏壇に向かって立てかけます。「オショライサンがのぼられる」というのでしょう。オガラは花屋さんなどで盆花と一緒に売られていますが、小さく切って箸を作ったりします。ご飯やオハギ、そして味噌汁の具にまで「箸を二本ずつ刺して立てるもの」、そうしないと「ホトケさんが食べられないから」だと聞きました。残ったオガラは、十三日に家の門口で迎え火として焚きます。十六日の朝には、アラメを炊いてその汁を家の表と裏にまいて清めたとも聞きました。花柳界ではお客が来ないとアラメを炊いて汁をまくことがあり、アラメをまいていると「暇なんだな」と言われたものでした。十六日は大文字焼きで送りの日です。アラメの汁をまくのは、「清め」て「きりかえる」、盆の期間が終わって「オショライサンを送り出す日ですよ」という切り替えの意味があったのかもしれません。

それからもう一つ、盆棚で重要なことがあります。盆の棚は、訪れた家の先祖を祀る場所ですが、この棚の下などに皿を置き、供物をあげてガキ（餓鬼）を祀るところがあります。ガキは祀り手のなくなった無縁霊で、先祖の精霊にくっついてくるものだと言われます。愛知県の尾張東部ではイッサイショウレイサマ（一切精霊様）と呼んでいて、供え物は盆の期間中「下げてはいけない」とされています。

「迎え」と「送り」

百八松明

お盆の行事を見ていくと、「迎え」と「送り」がとくに意識されてきました。訪れてくる先祖の精霊を迎えたり送ったりするのに、迎え火・送り火を家の門口で焚くことは、現在でもみられる光景です。葬式の出棺の時、かつて藁火が焚かれたように、霊魂の送り迎えに火を焚くという儀礼があるからです。愛知県の三河山間部から尾張東部にかけて、百八本の松明を灯して初盆供養する行事があります。

愛知県豊根村の坂宇場《さかんば》は、八月十四日が盆の始まりで、親戚や組の人たちが初盆の家に集まり、百八の松明を灯してシンボトケ（新仏）をお迎えします。こうした行事のことをシンボンミマイ（新盆見舞い）などと称して、初盆の家ではご馳走を出してもてなします。「死ぬとヒャクハッテェ（百八松明）を灯してもらう」と言われています。百八松明のことをタイ（松明）と呼んで、タイは生木を伐って上から二段くらい枝を残し、そこに藁で二か所しばったタイマツ（檜の枝を切ったもの）を挿し込んだものです。このタイを墓の前に並べて立てておき、十四日に集まった人たちがタイマツに灯すのです。それが終わると「ムカエダイ（迎え松明）だから」といって、今度は家の前で、竹に大きなタイマツを挿し込んだものにも火を灯します。タイマツが終わると家に入って、鉦を叩きながらネンブツを唱える供養になります。十五日にはオクリダイ（送り松明）といって、再び「ヒャクハッテェ」を行います。奥三河の村々では、いまなお盆行事が豊富な民俗内容をもって行われています。松明も蠟燭などに変わってきていますが、百八松明を灯すことは続けられてきています。坂宇場の一本の木に松明を縛り付けて灯す形などは、古い姿をとどめているのでしょう。

百八松明は、禅宗地域である尾張東部でも盛んに行われています。犬山市塔野地《とうのじ》では

オショロイムカエ（お精霊迎え）（愛知県春日井市木附）

ショウロウムカエといって、八月十三日の午後三時過ぎから行われます。初盆の家に親戚が集まると、用水の川縁で百八松明をオムカエビとして焚いています。町内会長から連絡が入ると用水の所に初盆以外の人たちも集まって各家の先祖を迎え、初盆の家は筵を敷いて接待の振る舞いをします。この後、各家の前でも迎え火が焚かれます。春日井市木附では百八松明のことをタイマツと呼び、シンボトケのある家が松明を用意して、オショロイムカエ（お精霊迎え）をします。八月十三日の午後五時前になると、墓地から公民館広場まで松明を点々と並べて焚きます。公民館前の広場には村中の家から人々が集まり、長老が中心になって鉦を打ちつつ、「懺悔文」「念仏文」「光明真言」「延命十句観音経」「舎利礼文」「普回向」「般若心経」を唱えて先祖をお迎えします。村中の先祖を一緒になってお迎えすると、人々は家に帰って松明二把を焚きます。このように塔野地では川縁、木附では墓地から村の広場まで百八松明を焚いていますが、犬山市今井ではいまでも墓地から初盆の家まで百八松明を焚いており、近隣の地域をみてもかつて墓所から家まで焚いていたので、これが古い松明の焚き方であったと思われます。

精霊船と灯籠送り

迎えた精霊をどこへ送るのか。どのように送るのか。この方法には二つありました。一つは川や海に流す、もう一つは火を焚く、あるいは焼却するというやり方です。

お盆が終わると、「先祖の精霊や無縁霊は帰ってもらわないといけない」「留まっていては困るので追い出さないといけない」とされていました。「無事に帰って、また来年来てください」という親しみを込めた別れの意識もあるのですが、全体的に見ると「追い出す」という儀礼の意味が強かったのです。

送りの日は、十五日の夜というところもありますが、もとは十六日でした。十六日といっても午前零時を回ったら送りに行くところもあれば、未明あるいは十六日の夜に送るところもあります。盆の期間中にお供えしたものを、蓮の葉や敷物であった菰《こも》などに包んで、近くの川や海に流しました。このときナスの馬を作り、「冥土へ行くまでの食べ物」といって饅頭や駄菓子などのお土産を馬に背負わせたりしました。北名古屋市では十五日夜の八時から九時になるとオショロイオクリといって、供え物を真菰で包んで真ん中に蠟燭《ろうそく》と線香を立て、川に流しました。新仏の場合は、麦殻で舟を作って流したといいます。現在では、どこでも環境汚染の問題があって川や海に流すことができなくなり、寺や地域の決められた場所までもっていきますと、行政の収集車がかたづけるようになってしまいました。

こうしたなか、大がかりな精霊船を作って海に送り出す盆行事は、地域の祭りとして全国各地で行われています。どこの精霊船送りが一番かと言うことはできませんが、長崎の「精霊流し」は有名です。二〇一一年の行事には、八月十五日の夜に長崎県各地で約三四〇〇隻の精霊船が送られました（長崎新聞）。精霊船といっても大きさは全長一～二メートルほどのものから、船を何隻も連ねて二〇～五〇メートルになるものまであります。新盆の個人船と自治会や病院あるいは葬祭業者がつくる「もやい船」があって、「みよし」と呼ばれる舳先に家紋や「〇〇家」と書き、船体には位牌と遺影をおき、供花と盆提灯で飾ります。提灯には電球が入っていて、船にはバッテリーを積んで点灯させるといいます。流し場まで午後五時頃から引いていきますが、船には車輪が付いています。まさに精霊船のパレードです。長い竿の上に趣向をこらした「印灯籠」に先導され、鉦、白の法被《はっぴ》を着た大人が何人かで曳いていきます。福井県では「精霊船送り《しょうらいぶねおくり》」といって、八月十五日に三方郡菅浜や小浜市甲ケ崎地区などで行っています。菅浜では茅の間に藁を挟んで棒状に縛り、孟宗竹の杭を挿して組み合わせた長さ八メートル、幅約三メートルの船を青年会が作ります。船の真ん中には青竹の柱を立てて帆を張り、色紙細工や施餓鬼幡、花輪、番傘、提灯で飾ります。十五日の夕方、各家の盆供物を積み込んで砂浜から沖へと船出します。このとき、新仏のあった家の者が乗り込んで、沖合まで見送りすることになっています。写真は小浜市甲ケ崎の船ですが、帆に「南無妙法蓮華経」と書かれています。関東の北茨城市大津では、八月十六日の早朝に「盆船流し」が行われます。これは新盆を迎えた家が作った、二〜三メートルの木造船です。合同慰霊の大きな船もあるようで、「じゃんがら念仏踊り」によって送られます。

送られるのは船だけではありません。灯籠も送られます。精霊船は祭礼化して派手になってしまいましたが、灯籠とくに初盆における新仏の象徴である「切子灯籠」を送る行事の方が古風であって、「送る意味」がよく残されています。長野県下伊那郡阿南町の新野《にいの》の盆踊りに見てみましょう。

小浜市甲ヶ崎の精霊船
（福井県立歴史博物館の展示より）

新野は愛知県側からは豊根村を過ぎて新野峠を越えたところ、長野県の南端にあります。東海道と信濃を結ぶ遠州街道が南北に走り、東の遠山郷・秋葉街道に至る道、西へは売木村へ通じる道が交差する交通の要地です。普段は静かな盆地の村ですが、八月十四日から十六日の夜にかけて行われる盆踊りは、古風な形態を残していて、人でいっぱいになります。十六日の晩には、新盆の家から集められた切子灯籠を櫓《やぐら》に飾り、細長い円陣を作って踊ります。円陣というより、「平行して踊る」と言った方がよいでしょう。そして、十七日の早暁になりますと、道に溢れんばかりの人たちが集まり、切子灯籠を先頭に「踊り神送り」が始まります。最初は村はずれにある砂田・太子堂まで行き、以前はここで鉄砲が打たれました。すると、今度は引き返して反対側の村境まで行き、そこで多くの切子灯籠を刀で切り壊して積み上げ、御嶽《おんたけ》の行者が九字を切って亡霊を鎮めると焼き払ってしまいます。あとは、後ろを振り向かずに帰ることになっていま す。立派な切子灯籠が、あっという間に壊されて火がかけられるのを見るとびっくりしますが、そうしないといけないのです。盆の期間中、切子灯籠は新仏の精霊を象徴するもので、盆棚脇に掛けて精霊を供養します。また櫓に飾って取り囲みながら踊ることは、訪れた精霊とともに一緒に踊ることであり、何よりの供養であることを意味します。しかし、盆が終われば、訪れた先祖や新亡霊には、完全に帰ってもらわなければならず、

切子灯籠を櫓に飾る（長野県下伊那郡阿南町新野）

新野の盆踊り・御嶽の行者が九字を切ってから灯籠を焼く

送り出すために切子灯籠を壊し、燃やして精霊・新亡霊・無縁霊を追い払うのです。こうした送りの意識は、次に述べる奥三河の盆行事や念仏踊りにも顕著にみられます。

念仏と念仏踊り

波切の大念仏

お盆には亡くなった先祖の精霊を迎えて供養しますが、宗派に関係なく念仏を唱えることからわかるように、念仏が重要な機能をはたしてきました。

これも三十年ほど前になりますが、

お盆の八月十四日に三重県大王町波切《なきり》の「大念仏」行事に訪れました。たしか、波切の集落に入る手前の道を少しおれた小さな岬に墓地がありました。大きく広がる海原に向かって、岬の突端まで何百もの石塔が立ち並び、人々はこの墓地の一画で大念仏を行っていました。いまは、墓地ではなく魚市場の広場になってしまったようです。墓地の中に櫓を組み、周りに初盆を迎えた家の者がカサブク（傘奉供）を手にしつつ、念仏を唱えながら巡っていました。傘の中には新亡の遺品として遺髪、かんざし、手さげ袋などを傘骨から吊し、傘の周りには裂地《きれじ》を垂げて「為春山慈生信士　山次郎屋分家　俗名〇〇　行止六十三才」などと書いた紙が貼られていました。かたわらでは老人たちの念仏講による御詠歌があげられたり、家族中で飲食をしたりしていました。一方、初盆の家では葬式の祭壇と見間違う程の盆棚を築き、入り口にはシンモウジャ（新亡者）と呼ばれる笹の付いた灯籠が入り口に飾られていました。こんな墓地での光景と、ただ南無阿弥陀仏を唱えながら遺品を吊した傘を手にして回る姿に驚いたものです。

墓地で念仏を
唱えながら巡る

傘の中に
新亡の遺品を吊す

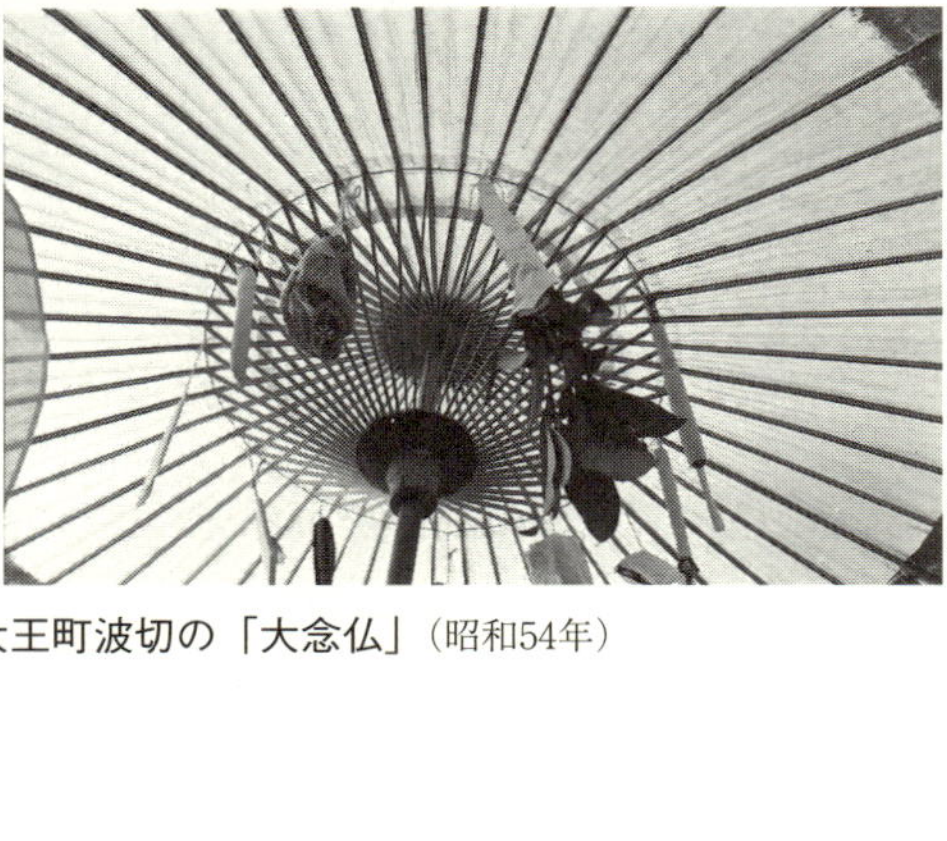

三重県大王町波切の「大念仏」（昭和54年）

奥三河の念仏と踊り

波切から東へ伊勢湾を渡ると愛知県の渥美半島になりますが、一九六〇年代の調査をみますと、渥美半島から奥三河の豊根村にかけて、一〇七か所で念仏踊りが伝承されていました。「念仏踊り」といっても呼称はさまざまで、「大念仏」「ほうか」「夜《よ》念仏・大念仏」「はねこみ」「大念仏・はね踊」「念仏踊り・はねこみ」「はねこみ・掛け踊り」などと呼ばれていました。現在は三〇か所ほどになってしまいましたが、盆行事として行われています。このなかで、北設楽郡田峯の念仏踊り、あるいは新城市北部に大団扇を背負い、太鼓をつけて念仏と風流唄に合わせて踊る放下《ほうか》踊りなどが有名です。こうしたものは念仏に太鼓踊りが結びついて風流化したものですが、中心は「掛け庭念仏」であり「四遍」といわれるような盆念仏です。この地域一帯は、ほとんどが禅宗寺院とその檀家です。寺院の成立は近世以降ですので、それ以前はいまみるような村の寺院もなく、止住する僧侶もいませんでした。ですから、死者を供養するには村人の唱える「南無阿弥陀仏」しかありませんでした。盆行事における念仏の意味と機能を、豊根村坂宇場における盆行事と念仏踊りとの連関からみてみましょう。

坂宇場《さかんば》は明治に神道化しましたので、いわゆる「仏壇」はありません。しかし、「先祖を祀る社」はありますし、先祖の仏教式位牌は残っています。十四日晩に迎えた精霊は先祖を祀る社の前にセガキ棚をおいて位牌を祀り、お茶・御神酒・野菜・ササゲ・キュウリ・ナス・スイカ・素麵・味ご飯・御幣餅・牡丹餅などを供えます。無縁仏は位牌を並べた台の下に里芋の葉やササゲの葉を敷いた盆にお皿をおき、酒とお茶の茶碗を供えて祀っています。先祖に供えた素麵なども取り分けて、ガキにあげたりしています。十五日の晩に送り松明を灯しますが、実際に送り出すのは十六日の午前四時から五時で、夜が明ける頃です。これをソウリョウ（総霊）さん送りといっています。「神前」や先祖の社脇にある戸口から送り出し、ススキで編んだ莫蓙の中に供え物を入れ、オミヤゲ団子を持たせ、キビ（トウモロコシ）で作った馬を添えて川に流します。家から送り出したときは、箒ではいて戸口を閉め切ったりします。送り出されたソウリョウは、十六日の昼間に今年のツクリ（作物の出来具合）を見て回るのだといわれています。夜になると念仏踊りの辻念仏で集められ、村全体で供養されると大念仏で村から送り出されるのです。大念仏は、念仏踊りの中でもソウリョウ送りの時だけに唱えられるもの、と言

念仏踊り（愛知県豊根村坂宇場）

大念仏・ソウリョウ送り

っていました。

家々から送り出された精霊は、ムラの中を浮遊して辻念仏で集められ、ソウリョウは跳躍の激しい念仏踊りによって供養されるのです。一番最後のソウリョウ送りのころになると、切子灯籠が初盆の家の人によって持ち出され、広場の櫓を回りながら大念仏を唱え、さらに灯籠に火を付けます。火のついた灯籠を持ったまま歩くのです。そして、近くの川に降りて行き、この年の盆に訪れた全ての精霊が送られました。

奥三河では、無縁霊について「どこの家でも自分の家の先祖とムエンボケトケ（無縁仏）というものを祀る。山もっとったりジ（地）もっといたりすると、どこで人が死んどるかわからんもんで、そこで自分のジ（地）のホトケちゅうもんは、祀り手のないホトケは無縁ホトケだ」と言われます。霊は土地についていて、祀り手のあるものが先祖霊、祀り手のないものが無縁霊でした。霊は屋敷や田畑、あるいは山についているものと観念されおり、この土地と結びついた霊魂観念は古い形態のものと言ってよいでしょう。そして、念仏は供養のためであり、また鎮《しず》め送る鎮送《ちんそう》呪術としての念仏でした。

真宗と盆

何もしなかった真宗門徒

「ホトケほっとけ」

これまでお盆の歴史や儀礼について述べてきました。日本人なら誰でも、どこでもお盆の行事を毎年行っているように語ってきました。八月十三日のお盆が始まるニュースなどをみますと、日本中がお盆休みで先祖の墓参りや盆行事をしているように報じられます。仏教側からみれば、たしかに宗派を超えてどの寺院でもお盆をしています。しかし、真宗門徒のなかには、お盆に儀礼らしきことを何もしなかったところがありました。いまでもあります。

愛知県安城市で、九十歳になろうとする三河門徒に「お盆は何をしてきましたか」と聞いたことがあります。その話者は「お盆は特別何もしません。初盆でもしたことがありません。家で提灯を出して仏壇にお参りするだけです。お寺からもお参りには来ません。盆踊りも青年団が始めてからのことで、それまで知りませんでした」と語っていました。尾張の稲沢市や一宮市などの真宗寺院で聞いても、門徒が勝手に墓参りをしていくだけで「お盆は暇です」という返答です。昭和四十年代初期ころまでムラに火葬する墓地はあっても家単位の墓（石塔）はなく、火葬しても遺骨を埋葬することもしなかった「墓がない」というところもありました。そうしますと、「墓参り」が成立しません。尾張には「ホトケほっとけ」という言葉があります。真宗門徒はお盆でも何もしないという意味です。門徒の家で育った女性が禅宗や浄土宗の家に嫁ぐと、お盆のオショロサンに三度三度の食事を出すのでこまった、何もわからなかった、という話をよく聞きました。禅宗檀家などの盆行事とは対照的です。現代では「歓喜会」という名称で盂蘭盆会をする真宗寺院や、墓参り・仏壇での盆参りをする門徒が増えましたが、つい最近まで真宗門徒の盆にはほとんど何もなかったところがかなりあったのです。

蓮如と盆

どうして真宗門徒はお盆をしなかったのでしょうか。現在の本願寺教団を形成したのは、第八代蓮如（一四一五〜一四九九）ですが、その蓮如の帖外《じょうがい》『御文』二十八通に次のようにあります。

文明十歳初春下旬之比より、河内国茨田郡中振郷山本之内出口村里より、当国宇治郡山科郷之内野村柴の庵に、昨日今日と打過行程に、はやうら蘭盆にもなりにけり。依之無常を観するに、誠以夢幻の如し。然而今日までもいかなる病苦にもとりあはす、されとも又いかなる死の縁にかあひなんすらん。……

末尾には、「文明十年（一四七八）盂蘭盆会、筆のついでにこれを書きおわりました」

とあります。蓮如六十四歳のときでした。内容はこの世は無常、夢幻のようであり、これまで病気にかかることもありませんでしたが、明日はどうなるかわかりません。人間は水の上に浮かぶ泡、風前の灯火のようなものであり、願うべきは後生善所です。栄華にふけっていても、無常の風が吹いたならば、身体・生命・財産は我が身から離れてしまいます。阿弥陀の本願を一向にたのんで信心決定し、仏恩報尽のために行住坐臥《ぎょうじゅうざが》をえらぶことなく念仏すべきです、と述べるばかりです。

お盆の歴史でみたように、蓮如の活躍した十五世紀になると盂蘭盆会が盛んに行われるようになりました。しかし、蓮如は盂蘭盆会について何も述べていません。蓮如が往生間際に語ったという『兄弟中申定条々』には、年中行事の停止や簡素化がいわれています。煤《すす》はき（煤払い）の祝い、正月の年始の祝い、五月五日などの五節句、名月や猪の子（亥の子）などの行事について、「停止」や「用捨あるべし」とあります。盆行事については直接みられませんが、同様な考えだったと思われます。蓮如は『蓮如上人御一代聞書』で次のようにも述べています。

一　蓮如上人、仰せられ候う。「信のうえは、とうとく思いて申す念仏も、また、ふと申す念仏も、仏恩に備わるなり。他宗には、親のため、また、何のため、なんどとて、念仏をつかうなり。聖人の御流には、弥陀をたのむが念仏なり。そのうえ

の称名は、なにともあれ、仏恩になるものなり」と、仰せられ候う云々

念仏は親の供養のために使うものではない、念仏は仏からたまわったものであり、称名は仏恩報謝のためのものである、と言っています。

こうした真宗の教えと蓮如の考えから、真宗門徒は年中行事に対して否定したり簡素化する一面を持つようになったのでした。先祖をオショライサンなどと称して、あたかも生きている者のように精霊を迎え・饗応・送ることは真宗の教えと門徒の生活様式になじまないものだったのです。

それでは真宗は盂蘭盆会を全て否定したのかと言いますと、必ずしもそうではありません。蓮如以後の本願寺年中行事をみますと、盆の行事は一貫して行われてきました。近世の西本願寺では、献上灯籠が京都の風物詩になっていたことは先に述べたとおりです。現在、東本願寺では七月十四日と十五日、内陣に歴代宗主の御影を掛け、余間に切子灯籠を一対吊り下げて法要を行っていますが、ただそれだけです。

真宗門徒の盆行事

全国各地の門徒が盆に何もしていない、ということではありません。何もしなかったというところがありましたが、「それなりに」しているところもあります。

広島県三次《みよし》市にある照林坊（本願寺派）を訪れたとき、墓地に見慣れぬものを見つけました。聞くと盆灯籠でした。竹と紙で作られており、ニイボン（新盆）には白色の盆灯籠を親戚がいくつも墓に立て、普通の盆には八月十四日に五色のものを立てます。上部の中にはイモを四角に切って芯をさし、蠟燭を立てて点灯するのだと聞きました。広島の安芸門徒ではどこでもしている儀礼のようで、浄心寺（呉市焼山・本願寺派）墓地の様子をみると（写真）、盆灯籠がいくつも立てられています。これまでみましたように、盆灯籠・切子灯籠は盆行事、とりわけ初盆を迎えるときに重要なもので、先祖霊や新仏が帰ってくる道しるべであったり、死者霊を象徴するシンボルでした。真宗ではこうした儀礼的意味は脱落させていますが、灯籠自体は否定しておりません。北陸の金沢は七月盆ですが、野田山墓地や寺院境内墓地では、門徒が「南無阿弥陀仏」と書いた簡略型盆灯籠や切子を吊り下げています。

盆灯籠がいくつも立てられた浄心寺の墓地（広島県呉市、武田竜氏撮影）

奈良県にある正定寺（宇陀市室生区向渕《むこうぢ》・本願寺派）の「七日盆」は、ちょっと変わった特徴的な盆行事です。「七日盆」というのが、正定寺年中行事の名称になっています。正定寺は本願寺第三代覚如の長男であった存覚ゆかりの寺院で、『存覚袖日記』という史料には、正定寺初代である「大和向渕顕実」が存覚から方便法身尊像と源空・親鸞を描く影像に裏書をしてもらったと出てきます。近くには親鸞の母親であったという吉光女《きっこうにょ》の庵室跡があり、正定寺の廟所になっています。正定寺では毎年八月七日、この一年間に亡くなった門徒の遺骨を廟所に納骨する行事をしています。平成二十二年に実見したときの様子を記してみましょう。七日の午後一時三十分から本堂でのお参りが済むと、納骨する家の者が裃《かみしも》を着けます。納骨する遺骨は一二センチくらいの竹筒に入れ、竹の周りを和紙で包んで法名を書いたものです。門徒が葬式の終わった翌日、骨を入れた竹筒を寺へもってくるので、寺では須弥壇《しゅみだん》のところで七日盆まで預かるのです。裃を着けて用意ができますと、本尊前に遺骨を安置し「帰三宝偈」の読経、納骨の施主が一列に並んでお参りとなりました。最後の「白骨の御文章」拝読がすみますと、すぐに行列を組んで、山の中腹にある廟所へ向かいました。歩いて二十分ほどの距離です。行列は朱傘の住職に続いて裃姿の施主が続き、後に一般の人が随いました。廟所に到着しますと、三奉請《さんぶじょう》、正信偈、「本願力にあいぬれば」「正覚の」の掛け和讃を行い、「正定寺檀那」「享保五□□天「玄冬上旬」と刻まれた石塔下に竹筒の遺骨が納められました。

これが正定寺の「七日盆」行事です。向渕は一五〇戸ほどの村で、真宗門徒の村です。「七日盆」といっても、内容は初盆を迎える門徒の納骨儀式でした。竹筒の遺骨は分骨されたものですが、ホンコツ（本骨）は本山へ納骨し、村の中にある共同墓地の「南無

正定寺の「七日盆」・裃姿の施主が廟所へ向かう（奈良県宇陀市向渕）

阿弥陀仏」塔にも納骨すると聞きました。また、七日盆の行事の前に、お寄り講ごとの「オワカレ講」があり、「コツワカレノお寄り講」と呼んでいるそうです。

正定寺では八月十五日に「盂蘭盆会」の法要があります。門徒がお参りしますが、門徒の各家では盆行事らしきものはなく、初盆でも何もしないといいます。ですから、門徒にとって「七日盆」が特別な盆行事ということになります。

岐阜県揖斐川町坂内の妙輪寺（真宗大谷派）でも、八月十四日に門徒の惣墓である共同納骨所に、一年間の間に亡くなった門徒の遺骨が盂蘭盆会法要の後に納骨されています。滋賀県長浜市野瀬の光福寺（佛光寺派）では、八月十日から十二日に「絵系図参り」の行事があります。やはり一年間に亡くなった死者の姿を絵に描き、法名と往生年月日を記して家族がお参りすることです。これをハッバカ（初墓）と呼び、通常のお参りをソウバカ（惣墓）と言っています。「ハカ」と呼んでいても、墓地にある石塔墓に参ることではありません。長浜市を中心にした湖北地域には、お盆にハカマイリという習俗があって、檀那寺である真宗寺院の本堂にお参りすることを意味しています。繰り返しになりますが、石塔の墓石に参ることではありません。真宗門徒の盆行事の一つとして、捉えられるものです。

お盆の行方——死者と生者の交流——

お盆はどこへ行くのか

お盆の変化

これからお盆はどうなっていくのでしょうか。消滅しつつあるとまでは言えませんが、変化してきているのは事実です。どう変化しつつあるのかと言いますと、六十五歳以上の方が親を亡くしたり配偶者を亡くしても、「お盆をどうしたらいいのかわからない」という人が多くなっています。四十歳代から六十歳代にかけて親を亡くした場合などは、なおさらです。親に連れられて墓参りもしたことがない、仏壇に参ったこともないというのです。お盆は旅行に出かける休日と思ったりしています。

単位千人

	一般世帯総数	高齢世帯数	単独	夫婦のみ
1980年	35824	4331	885	1245
2005年	49063	13545	3865	4648
2010年	50287	15680	4655	5336
2020年	50441	18993	6311	6140

表１　家族形態の変化

『「ライフエンディング・ステージ」の創出に向けて～新たな「絆」と生活に寄り添う「ライフエンディング産業」の構築～報告書』より抽出

社会構造が大きく変化してしまった、あるいは変化しつつあります。平成二十三年八月付の経済産業省商務情報政策局サービス産業室による『安心と信頼のある「ライフエンディング・ステージ」の創出に向けて～新たな「絆」と生活に寄り添う「ライフエンディング産業」の構築～報告書』によりますと、日本の家族形態が表１のように変化しています。

高齢者の世帯数は年々増加して二〇二〇年までは増加を続け、高齢者の単独世帯の割合が三割、夫婦のみの世帯が三割になると予測しています。また総務省自治行政局住民制度課による住民基本台帳に基づく人口動態（平成二十三年三月三十一日現在）をみると、全人口の半数を上回る五〇・九一％が東京・名古屋・関西という三大都市圏に集中しているとあります。こうした背景には、高度成長以来の都市化集中、生活様式の変化、地域共同体の崩壊、高齢化、家族の崩壊、親と子の断絶、介護、親族の疎遠化などといった現代の問題があります。

このように家族形態や地域が変化してしまいましたので、両親や配偶者が亡くなっても「葬式の仕方がわからない」「寺との付き合い方がわからない」「法事の仕方がわからない」「お布施がわからない」ということになってしまいました。初盆を迎えても、どうしていいのかわからないのは当然です。「儀礼」ということがわからなくなり、親から子へと伝承されなくなってしまいました。柳田国男が主張した「家永続の願い」は消滅し、「家」そのものもほとんど崩壊してしまったのが現代なのでしょう。

無縁社会と盆

平成二十三年三月十一日におきた東日本大震災以来、「絆」ということが言われるようになりました。しかし、一方で「無縁社会」は進行中です。死んでも引き取り手のない遺骨という孤立死が年間三万人以上あり、高齢者の単独死も増加しています。

「無縁」ということはどういうことか、お盆の中でみてみましょう。盆行事の中で祭祀してきた精霊には、先祖霊・死霊・無縁霊の性格がありました。先祖霊は「ご先祖さん」と呼ばれるものです。死後、子孫によって年忌法事などの儀礼を通して荒々しい霊魂が清められ、三十三回忌もしくは五十回忌の弔い上げで個性を脱却して、家の祖霊一般と融合する和霊（にぎみたま）です。子孫を見守り恩寵《おんちょう》を与えてくれます。死霊は一年の間になくなった初盆の新仏であり、個性がまだ強烈に残っているので丁重に祀らねばなりません。無縁霊はガキなどと呼ばれて、祭祀してくれる子孫がなくなった精霊でした。盆行事では、この三種類の精霊を迎え、饗応し、送って祭祀してきましたが、その主体は「家」であり家族という子孫でした。家族・子孫・家を通して、毎年訪れるオショライサンという精霊と交流してきたのです。しかし、「家」という観念はほとんどなくなってしまいました。

家と不可分にながく結びついてきた「墓」も、近年は「無縁墓」が増えています。墓の形態もさまざまに変化してきています。今後、先祖霊という観念と信仰は希薄になり、死霊と無縁霊だけになっていくともみられます。それから災害で死んだ人、事故死、自殺した人といった非業《ひごう》の死を遂げた死者にたいする観念と思いです。死霊であり無縁霊になる可能性の高い霊魂です。

先祖といっても、もともと多くの日本人の先祖観は漠然としたものでした。祖父・祖母、あるいは曾祖父・曾祖母くらいまでの意識です。家族形態が変化して単独・夫婦だけの世帯が増えて親子が断絶してしまった現代、ますます先祖という観念は希薄になり、そして死者観念は個人化していくでしょう。高齢化と長寿社会は「老」と「病」が結びついて「介護」「死」の問題を引き起こしました。こうした社会を生きる私たちは、自らの人生と死を無意味化させたくないので、「老いをいかに生きるか」「いかに死ぬか」と考えています。しかし、死後のことまでは考えられないのが現実です。残された者は、死者に意味を見いだせず、死を受け入れることができないでいる状況です。ですから、生者と死者が交わることはできないでしょう。「死」が世俗化して意味を喪失し、「仏」にも「ホトケ」にもなれません。儀礼も行われなくなれば、限られた時間だけの「追憶」しかありません。追憶は「救い」ではありません。

死者と生者の関係、個人化し世俗化しすぎた社会。一人の人間として、生きることと死ぬということはどういうことなのか、意味の復権と創造が求められています。「仏教行事」という名のもとに行われてきた日本人の盆行事。これからお盆はどこへ行くのでしょうか。

あとがき

小さな頃から、「お盆とは何なのか」と疑問を持っていました。寺に育った者の宿命として、お盆の時季が来るとお経を読まされました。

私にはお盆の原体験があります。中学一年だった十三歳のとき、京都にある親戚のお寺にお盆の手伝いに行かされました。八月に入ってお盆が終わるまでの半月間、泊まり込みでした。ヤブ蚊に刺されながら、習いたてのお経を墓地で一生懸命読みました。経本なしの暗誦でしたので、「お経がわからなくなってしまうのでは」と冷や汗をかきながら読んだものです。日除けのためにコウモリ笠を持たされ、地図を頼りに一軒一軒、一日中歩き回ってお盆のお経をあげました。そのとき、お寿司屋さんで「初盆だから特別にお経をあげてくれ」と言われました。仏壇の前には見たこともない棚が設けられていて、作り物の梯子《はしご》まであったことを記憶しています。一番最後が、たしか伏見稲荷の山の中腹にあるお茶屋さんでした。疲れて足が棒になってしまい、ようやくお経を読み終えて外に出たとき、京都の街の明かりがきれいだったことを鮮明に覚えています。今から四十八年前のことです。あの当時は、嫌で嫌で仕方なかったのですが、振り返ってみると貴重な体験でした。

二十代後半、真宗の僧侶になって生きていこうと決断して仏教や真宗の教えを学んだとき、真宗がお盆に対して違った考え方であることに驚きました。葬儀や墓についても同様です。また、仏教の教えと現実の儀礼との間に乖離があることも気になりました。

この小本は民俗と歴史、そして現場の住職としての体験から記述しました。実用的な解説の手引き書といった内容では書けませんでした。しかし、お盆に関する疑問には、それなりに回答したつもりです。結局、今を生きている者として、死者とどう向き合うのか。これが一番の要点です。法藏館編集部の上山靖子さんには、前著に引き続いてお世話になりました。御礼申し上げます。

二〇一二年四月二十日

蒲池　勢至

参考文献と史料

・暦の会編『暦の百科事典』、新人物往来社、一九八六年。
・『佛説盂蘭盆経』、大正蔵巻一六。
・小野玄妙編『仏書解説大辞典』、大東出版社、一九七四年。
・柴﨑照和『お盆と盂蘭盆経』、大東出版社、二〇〇六年。
・岩本裕「「盂蘭盆」の原語とその史的背景」（同『地獄めぐりの文学』仏教説話研究第四巻、開明書院、一九七九年）。
・柳田国男「先祖の話」（『柳田国男全集』13　ちくま文庫、筑摩書房、一九九〇年）。
・柳田国男「行器考」（『定本柳田國男集』第三〇巻、筑摩書房、一九七五年）。
・有賀喜左衞門「ホトケという言葉について―日本仏教史の一側面―」「盆とほかひ―日本仏教史の一側面―」（同『一つの日本文化論』、未来社、一九八一年）。
・藤井正雄編『仏教儀礼辞典』、東京堂出版、一九七八年。
・藤井正雄『祖先祭祀の儀礼構造と民俗』、弘文堂、一九九三年。
・日本古典文学大系68『日本書紀（下）』、岩波書店、一九八六年。

・『史料纂集106　権記第三』、続群書類従完成会、一九九六年。
・『大日本古記録5　小右記』、岩波書店、一九六九年。
・『大日本古記録　殿暦1』、岩波書店、一九八四年。
・新古典文学大系36『今昔物語集』四、岩波書店、一九九四年。
・貴志正造訳注『全訳吾妻鏡』、新人物往来社、一九七六年。
・今川文雄『訓読　明月記』第五巻、河出書房新社、一九七八年。
・『史料纂集　師守記第五』『史料纂集　師守記第七』、続群書類従完成会、一九七二・一九七三年。
・『続群書類従　補遺一　満済准后日記（上）』『続群書類従　補遺二　満済准后日記（下）』、続群書類従完成会、一九八〇・一九七八年。
・『続群書類従　補遺二看聞御記（上）』『続群書類従　補遺二看聞御記（下）』、続群書類従完成会、一九八〇年。
・『増補続史料大成』第二九巻（大乗院寺社雑事記四）、臨川書店、一九九四年。
・『史料纂集〈第二期〉言国卿記第一』、続群書類従完成会、一九六九年。
・小高　恭編『芸能史年表　応永八年―元禄八年』、名著出版、一九九二年。
・田中久夫『祖先祭祀の研究』第三章「祖先祭祀の展開」、第四章第四節「みたまのめし―大

正月の祖先祭祀―」、弘文堂、一九七八年。
・古瀬奈津子「盂蘭盆会について―摂関期・院政期を中心に」（福田豊彦編『中世の社会と武力』、吉川弘文館、一九九四年）。
・菅原正子『日本人の生活文化』、吉川弘文館、二〇〇八年。
・菅原正子「中世の貴族社会における盆行事―拝盆・墓参・風流燈籠―」（大隅和雄編『文化史の構想』、吉川弘文館、二〇〇三年）。
・高谷重夫『盆行事の民俗的研究』、岩田書院、一九九五年。
・大森恵子『念仏芸能と御霊信仰』第三章第一節「燈籠と盆踊り」、名著出版、一九九二年。
・内田武志・宮本常一編訳『菅江真澄遊覧記』2、東洋文庫68、平凡社、一九七三年。
・内田ハチ編『菅江真澄民俗図絵』上・下巻、岩崎美術社、一九八九年。
・『日本庶民生活史料集成』第九巻風俗「諸國風俗問状答」、三一書房、一九七九年。
・『四日市市史』第五巻・史料編・民俗、四日市市、一九九五年。
・『愛知県史』別編民俗2尾張、愛知県史編さん委員会、二〇〇八年。
・『愛知県史』別編民俗3三河、愛知県史編さん委員会、二〇〇五年。
・『新修　名古屋市史』第九巻民俗、新修名古屋市史編集委員会、二〇〇一年。
・八木　透「珍皇寺の六道参り」（仏教民俗学大系6『仏教年中行事』、名著出版、一九八六年）。

・『わかさ美浜町誌』美浜の文化第二巻祈る・祀る、美浜町誌編纂委員会、二〇〇六年。
・伊藤良吉「三河地方念仏踊の系譜」（『まつり』第一一号、まつり同好会、一九六六年）。
・西角井正大・仲井幸二郎・三隅治雄編『民俗芸能辞典』、東京堂出版、一九八一年。
・蒲池勢至『真宗民俗の再発見』、法藏館、二〇〇一年。

蒲池勢至（がまいけ　せいし）

1951年愛知県生まれ。同志社大学文学部文化史学科・同朋大学文学部仏教学科卒業。現在、真宗大谷派長善寺住職・同朋大学仏教文化研究所客員所員。
著書：『真宗と民俗信仰』（吉川弘文館）、『真宗民俗の再発見』（法藏館）、『民衆宗教を探る　阿弥陀信仰』（慶友社）、『太子信仰』（編著・雄山閣）、『蓮如上人絵伝の研究』（共編著・東本願寺出版部）他、論文多数。

お盆のはなし

二〇一二年　六月一五日　初版第一刷発行

著　者　蒲池勢至
発行者　西村明高
発行所　株式会社　法藏館
京都市下京区正面通烏丸東入
郵便番号　六〇〇-八一五三
電話　〇七五-三四三-〇〇三〇（編集）
　　　〇七五-三四三-五六五六（営業）

装幀者　井上二三夫

印刷　立生株式会社・製本　清水製作所

ISBN 978-4-8318-6419-2 C0015